EDUCAÇÃO COMO RESPOSTA RESPONSÁVEL:
CONHECER, ACOLHER E AGIR

SONIA KRAMER

EDUCAÇÃO COMO RESPOSTA RESPONSÁVEL:
CONHECER, ACOLHER E AGIR

PAPIRUS EDITORA

Capa	Fernando Cornacchia
Coordenação	Ana Carolina Freitas
Copidesque	Mônica Saddy Martins
Diagramação	DPG Editora
Revisão	Anna Carolina Garcia

Dados Internacionais de Catalogação na Publicação (CIP)
(Câmara Brasileira do Livro, SP, Brasil)

Kramer, Sonia
 Educação como resposta responsável: Conhecer, acolher e agir/ Sonia Kramer. – 1. ed. – Campinas, SP: Papirus, 2021.

Bibliografia.
ISBN 978-65-5650-096-6

1. Educação 2. Educação inclusiva 3. Práticas educacionais 4. Prática pedagógica 5. Professores – Formação 6. Responsabilidade educacional I. Título.

21-81009 CDD-370.71

Índice para catálogo sistemático:
1. Práticas educativas: Formação docente: Educação 370.71

Eliete Marques da Silva – Bibliotecária – CRB-8/9380

1ª Edição – 2021

Exceto no caso de citações, a grafia deste livro está atualizada segundo o Acordo Ortográfico da Língua Portuguesa adotado no Brasil a partir de 2009.

Proibida a reprodução total ou parcial da obra de acordo com a lei 9.610/98.
Editora afiliada à Associação Brasileira dos Direitos Reprográficos (ABDR).

DIREITOS RESERVADOS PARA A LÍNGUA PORTUGUESA:
© M.R. Cornacchia Editora Ltda. – Papirus Editora
R. Barata Ribeiro, 79, sala 316 – CEP 13023-030 – Vila Itapura
Fone: (19) 3790-1300 – Campinas – São Paulo – Brasil
E-mail: editora@papirus.com.br – www.papirus.com.br

Dedico este livro à professora Marli André, amiga querida com quem aprendi a fazer pesquisa: um dos muitos temas, encontros, elos que nos uniram e que agora tecem firme e suave a minha saudade.

SUMÁRIO

PREFÁCIO 9

APRESENTAÇÃO 11

PARTE 1
NA CRECHE, NA PRÉ-ESCOLA, NA ESCOLA:
INTERAÇÕES E TENSÕES

1. "EU NÃO ESTUDEI TANTO TEMPO PARA AGORA
ME ACOSTUMAR A GRITAR": AS CRIANÇAS,
AS PROFESSORAS E O CURRÍCULO 15

2. NA PRÉ-ESCOLA, NA ESCOLA: A INSUSTENTÁVEL
LEVEZA DE SER E ESTAR COM CRIANÇAS 33

3. AVALIAÇÃO NA EDUCAÇÃO INFANTIL: NO AVESSO
DA COSTURA, PONTOS A CONTAR, REFLETIR E AGIR 59

4. PAULINHO E CARRY: PRECONCEITO CONTRA A
DEFICIÊNCIA OU O DIREITO DE SER DIFERENTE 83

PARTE 2
GESTÃO, FORMAÇÃO E TRABALHO DOCENTE

1. GESTÃO NA EDUCAÇÃO INFANTIL: O DESAFIO DE RESPONDER COM GRANDES GESTOS 93

2. TRABALHO DOCENTE, INFÂNCIA E CURRÍCULO: URGÊNCIAS E SUTILEZAS DA AÇÃO ESCOLAR 99

3. LÍNGUA, DIVERSIDADE, DESIGUALDADE E PRECONCEITO 113

4. LEITURA, ESCRITA E CULTURA: DESAFIOS DA FORMAÇÃO 121

PARTE 3
PROJETO, VISÃO DE MUNDO E RESPONSABILIDADE

1. CONTRIBUIÇÕES DE MARTIN BUBER PARA A REFLEXÃO SOBRE/DO HOMEM CONTEMPORÂNEO 129

2. EDUCAÇÃO COMO RESPOSTA RESPONSÁVEL 139

3. RESISTÊNCIA E RESISTIR 161

REFERÊNCIAS BIBLIOGRÁFICAS 167

PREFÁCIO

Escrever é, sobretudo, resistir e deixar marcas. Sonia aprendeu desde cedo com o pai, sobrevivente do Holocausto, o compromisso de não permitir que a escrita, a fala e a escuta lhe sejam negadas. Testemunho esse compromisso desde 1979, quando, em um projeto de formação de professores na Favela de Acari, no Rio de Janeiro, fui presenteada por ela com a obra *Pedagogia do oprimido*, de Paulo Freire, com a seguinte dedicatória: "Para Fernanda, uma lembrança que pode nos ajudar a trabalhar com os oprimidos, nós que temos a vida inteira aprendido a ser opressores com os outros".

A partir de então, acompanho o seu movimento de abrir caminhos e impulsionar um engajamento ético por uma formação digna de professores – especialmente aquela voltada para observar, no cotidiano das crianças em espaços educativos, e agir nele, as experiências na construção de conhecimentos, o desenvolvimento cognitivo, as características e a visão de mundo infantis. Caminhos trilhados pelo conhecimento, pela ação política e pela narrativa.

A memória dos diferentes tempos vividos e a esperança de tantos por viver se encontram neste livro, que reúne artigos, palestras, resultados de pesquisa e da escuta responsável dos estudantes de graduação e pós-graduação, em uma atividade ininterrupta de ensino. Professora Sonia, esse é seu título mais valioso – embora o de avó de Ana, Lucas, Clarice e Martin sempre acompanhe –, assumido com todo o vigor e mantendo a existência dos acontecimentos narrados no ensino, na pesquisa, na vida.

Em *Educação como resposta responsável: Conhecer, acolher e agir*, usufruímos do encontro com práticas educativas de escuta das crianças, com o olhar sensível dos professores para com seus fazeres, valorizando suas identidades e acolhendo suas necessidades. Desvelam-se pistas que afirmam e intensificam os compromissos legais assumidos: criança não é um "vir a ser". É no hoje e no agora, em espaços de interação social, que elas constroem seus fazeres, seus desejos e suas necessidades. Muitos depoimentos também nos inquietam nos modos de ser professor e pesquisador, e tenho esperança de que possam inquietar todos os profissionais que reconhecem na educação o fundamento primordial da construção de uma sociedade mais fraterna. Os relatos trazem muitos desafios: mostram que estamos longe do que gostaríamos de ver e ouvir e de como poderiam agir os responsáveis municipais pela educação. Entretanto, os ecos dos diálogos, presentes em cada artigo deste livro, nos nutrem da responsabilidade – e, por certo, o farão também em relação ao leitor – de encontrar um caminho mais digno para a educação.

Maria Fernanda Nunes
Professora titular da Faculdade de Educação da
Universidade Federal do Estado do Rio de Janeiro (Unirio)

APRESENTAÇÃO

Sempre gostei de escrever. Desde menina. E de ser lida. Brincava com palavras, livros, cadernos e quadros de giz. Um diário, escrito desde os 12 anos, trazia cenas do colégio, em casa, no grupo de teatro. Na faculdade, para estudar, precisava escrever até para ler. Páginas margeadas por perguntas, comentários, exclamações, menções a coisas da vida ou inquietações. Assim fui e vou me formando na escrita como minha estrada. Nela, compreendo melhor processos, pessoas, relações. Duvido e ensaio. Indago e procuro caminhos, desvios, soluções.

Mas, como disse, sempre gostei também de ser lida. E me acostumei a escrever para falar. Até hoje a escrita precede toda conferência, mesaredonda, colóquio, seminário, reunião e até mesmo certas aulas, às quais dou até epígrafes. Precede, acompanha, continua depois. A história desta professora veio e vem se dando, assim, entre fazer e escrever. Quando instituições de pesquisa estabeleceram a exigência de escrita e publicação como critério de reconhecimento e financiamento, esse andaime já estava alto. Ainda bem.

Educação como resposta responsável: Conhecer, acolher e agir tem a ver com isso. Este livro reúne textos que gostei muito de escrever.

São capítulos feitos por encomenda de eventos, artigos enviados a periódicos acadêmicos ou de divulgação científica, textos de conferências ou participações em congressos. Quase todos publicados, mas em veículos de acesso restrito. Ao final de cada seção, há ainda um texto marcado por uma forte situação pessoal.

Professoras que, felizmente, não se acostumariam a gritar. Insustentável leveza de ser e estar com crianças. Avessos da costura avaliada e os pontos de relatos, reflexões, ações. Turbulências diante de crianças e suas diferenças. Desafios de responder com grandes gestos; afinal de que trata a gestão? Urgências e sutilezas da ação escolar. Língua, diversidade, desigualdade e preconceito. Leitura, escrita, cultura e formação. Questões sobre/do homem contemporâneo. Educação como resposta responsável.

Os fios desse tecido são variados e se conectam com as muitas histórias de uma trajetória em creches, pré-escolas, escolas de ensino fundamental, na formação de professores, em universidades, órgãos públicos federais, estaduais e municipais, instituições privadas ou comunitárias. As palavras, os gestos e atos vão se compondo e contando. O tecido se fez possível graças a muitos encontros. Meu sincero agradecimento a professora(es), alunas(os) e monitoras do grupo de pesquisa Infância, Formação e Cultura (Infoc), em especial a Alexandra Pena, Amanda Silva, Fernanda Costa, Larissa Almeida, Pedro Lontra, Rafaela Trugilho e Marina Burdman, que trabalharam na leitura, revisão e formatação dos textos.

PARTE 1

NA CRECHE, NA PRÉ-ESCOLA, NA ESCOLA: INTERAÇÕES E TENSÕES

1
"EU NÃO ESTUDEI TANTO TEMPO PARA AGORA ME ACOSTUMAR A GRITAR": AS CRIANÇAS, AS PROFESSORAS E O CURRÍCULO[1]

> *Nem mesmo sobre o que não se pode falar por vergonha, por impotência, por medo, por não saber dizer, não se deve calar. A linguagem é o único elo que nos sustenta frente ao abismo.*
>
> Garcia (2011, p. 61)

O currículo da educação infantil tem sido alvo de progressiva atenção nos últimos 20 anos no âmbito da pesquisa, das políticas e da sociedade. De uma presença tímida na década de 1980 (Kramer 1981) às recentes discussões sobre indicadores de qualidade e à revisão das diretrizes curriculares da educação infantil (Brasil 2009c e 2009d), o tema saiu dos bastidores para ocupar o centro da cena dos debates educacionais, impactando práticas na educação infantil e nos primeiros anos do ensino fundamental.

Tal mudança deriva da expansão da educação infantil, reconhecida e implantada como primeira etapa da educação básica, alterando a

---

1. Texto publicado em Paraíso, Vilela e Sales (orgs.) (2012).

situação histórica de desigualdade de acesso à educação no Brasil, com decorrências visíveis nas políticas públicas, como a inclusão das crianças de seis anos no ensino fundamental, a extensão da escolaridade obrigatória e gratuita de oito para nove anos de duração (Brasil 2005 e 2006c) e a ampliação da escolaridade obrigatória e gratuita dos quatro aos dezessete anos de idade, assegurada sua oferta aos que a ela não tiveram acesso na idade apropriada (Brasil 2009c). Embora a média do atendimento das crianças de zero a três anos seja de 18% e das crianças de quatro e cinco anos chegue a 73% (IBGE 2010), é inegável que se trata de um processo de democratização. Mas a democratização chega às práticas? Como? E que questões se levantam para o campo do currículo?

Este texto focaliza a qualidade da educação infantil, em especial as relações entre adultos e crianças. O primeiro item apresenta as concepções de infância, educação infantil e currículo que têm orientado nossa pesquisa, a formação de professores e as ações junto a órgãos públicos, instituições e movimentos sociais. O segundo traz resultados de pesquisas sobre a qualidade da educação infantil no Brasil. O terceiro problematiza os itens anteriores com relatos de práticas de professoras que gritam. O grito, linguagem aguda, é matéria de reflexão também das considerações finais.

Infância, educação infantil e currículo: Concepções e opções

Estudando a infância como categoria da história e como construção social e as crianças como sujeitos empíricos, temos delineado, no grupo de pesquisa Infância, Formação e Cultura (Infoc), uma concepção de infância fundada na teoria crítica da cultura e da modernidade, na psicologia histórico-cultural e na sociologia da infância. No âmbito da teoria crítica, entendemos que a criança cria cultura, brinca, dá sentido ao mundo, produz história, recria a ordem das coisas, estabelece uma relação crítica com a tradição (Benjamin 2002).

O desenvolvimento cultural da criança se dá como construção de uma história pessoal no interior da história social (Pino 2005). O ser humano se constitui na relação com o outro, na interação social em que as dimensões cognitiva, afetiva e ética estão vinculadas. As crianças interagem e aprendem como sujeitos ativos, participam e intervêm, reelaboram e recriam o mundo com a mediação dos adultos ou de crianças mais experientes (Vygotsky 2009). O papel do outro é central na constituição do eu e no desenvolvimento e aprendizagem do sujeito ao longo da vida. Processos manifestos na infância constroem realidades históricas que se traduzem na subjetividade de cada um.

A inserção social da criança é, ao mesmo tempo, estrutural (como geração) e concreta (cada sujeito histórico). Para a sociologia da infância, importa compreender que as crianças pertencem à categoria social da infância e a seus processos de subjetivação, recriando, nas interações com adultos e com seus pares, as culturas onde estão inseridas (Corsaro 2003; Sarmento e Gouvea 2008; Sirota 2006).

As crianças de todas as raças/etnias, religiões, classes sociais, origens, locais de moradia, gêneros, independentemente da condição dos pais, têm direito à educação de qualidade que amplie seu desenvolvimento, seu universo cultural, seu conhecimento e sua autoestima. As práticas educativas devem respeitar e acolher as crianças em suas diferenças e deficiências, pois são cidadãs com direito à proteção e à participação social, a experiências culturais. As crianças têm direito à atenção, à proteção, à saúde, à vida, a condições dignas de existência, liberdade, respeito e dignidade, porque são pessoas em desenvolvimento, sujeitos de direitos civis, humanos e sociais garantidos na legislação (Brasil s.d.).

A educação infantil se concretiza em instituições (creches, pré-escolas, escolas ou centros de educação infantil) com o papel de organizar o currículo, entendido como conjunto de experiências culturais em que se combinam saberes da prática ou saberes da experiência e conhecimentos relativos à natureza, à produção e ao patrimônio cultural da perspectiva da formação humana (Moreira e Candau 2007). Visa favorecer o acesso a bens e práticas culturais, o convívio com a natureza e a ampliação da aprendizagem, desenvolver a formação cultural de adultos e crianças, o conhecimento de si, do outro e do mundo em um movimento que valorize a autonomia, a colaboração e as produções infantis. A brincadeira (experiência de cultura e forma privilegiada de expressão infantil) é direito das crianças e deve ser garantida por instituições e pelos adultos que nelas trabalham.

Tais concepções teóricas e opções políticas provocam a indagação sobre as práticas de educação infantil e a qualidade do trabalho pedagógico, ou seja, sobre a efetividade do currículo e as interações entre adultos e crianças. É o que analisam os itens a seguir.

A qualidade na prática: O que dizem as pesquisas

Em pesquisa conduzida em uma capital brasileira, com o objetivo de conhecer interações entre crianças e adultos em 21 instituições (creches comunitárias e públicas; escolas de educação infantil públicas; escolas de ensino fundamental com turmas de educação infantil) indicadas por sua positividade, não foi encontrada qualidade. Observar relações entre crianças e adultos nas instituições exigiu, por um lado, delicadeza para ver e ouvir onde havia invisibilidade e silêncio. Por outro, gerou inquietações: controle do corpo das crianças, impedidas de encostarem umas nas outras; moralização das relações, constrangimento, ironia e deboche conviviam com uma tensão constante entre professoras que infantilizavam e desautorizavam as famílias e com paternalismo advindo da direção. Preconceitos contra crianças, desconhecimento da sua alteridade, imposição de normas sem explicação, esquecimento de nomes, mau humor, desânimo, descaso, cansaço, raiva e cerceamentos foram constantes. A ênfase instrumental foi percebida da creche ao ensino fundamental: trabalhinhos; bebês e crianças pequenas tratados como alunos; pouco tempo para brincar; pouca exploração do espaço disponível em áreas externas; letramento reduzido à aprendizagem de letras, apesar de acervos com muitos livros de qualidade literária (Kramer 2009).

Campos *et al.* (2011), ao investigarem a qualidade da educação infantil em seis capitais brasileiras, delineiam um cenário também preocupante, em que aspectos importantes são negligenciados na maioria das creches e pré-escolas avaliadas. Da associação entre indicadores de qualidade obtidos com base em questionários e dados socioeconômicos relativos ao entorno das instituições, os pesquisadores concluíram que a garantia de algumas condições básicas a essas instituições e seus profissionais e a mudança nas práticas pedagógicas levariam a resultados muito diferentes na avaliação de ambientes de creches e de pré-escolas.

Apontam a urgência de políticas educacionais para a melhoria da sua qualidade: condições adequadas de infraestrutura, formação continuada de gestores e equipes técnicas, bem como supervisão eficiente alterariam a qualidade da educação infantil e as oportunidades de aprendizagem futura.

Da mesma forma, em pesquisa que comparou a educação infantil de 1999 a 2009, Nunes, Corsino e Kramer (2011) apresentam um quadro em que as práticas analisadas por gestores de mais de 50 municípios de um estado brasileiro estão longe dos avanços proclamados pelas teorias e as políticas.

Essas e outras pesquisas mostram creches, pré-escolas e escolas com muitos problemas. As condições e práticas impedem o direito de crianças a uma educação pautada pela ação, criação e participação. Os órgãos públicos levam em conta a produção teórica e a pesquisa ao formular políticas: há impacto da pesquisa nas políticas no que se refere à elaboração de documentos, à produção discursiva. Contudo, as pesquisas permitem afirmar que esse impacto não se reflete nas condições, na gestão das instituições nem nas práticas e interações com as crianças, revelando a urgência de que seja assumida a responsabilidade dos adultos, nosso papel político e ético na atuação no que toca à infância.

A qualidade na prática: O que dizem duas professoras

Enquanto escrevia este texto, duas alunas que haviam prestado concurso público para a rede municipal me procuraram para relatar, surpreendidas, o que encontraram nas escolas ao tomarem posse como professoras de educação infantil. São elas: Vitória, graduanda em letras, e Rita, graduada em pedagogia, aluna do curso de especialização em educação infantil, bolsista de iniciação científica e participante do grupo de pesquisa.[2]

Vitória

As trocas com Vitória foram feitas por *e-mail*. Algumas mensagens foram lidas na turma, por minha sugestão. Abaixo, transcrevo o primeiro *e-mail*:

Esse *e-mail* é *um grito de socorro*. No ano passado, fiz o 1º concurso para professores de educação infantil. Passei e fui convocada no início deste mês. Tomei posse. Fui encaminhada para a Creche C., mas, devido à falta de professores de educação infantil, fui, na verdade, fomos (eu e todos da minha chamada) "emprestados" até o final do ano para escolas. Apresentei-me na escola e fui direcionada a minha turma: EI. 10, faixa etária: 5 anos, 22 alunos. Estavam dormindo. Quando acordaram, fiz minha apresentação.
Foi a única coisa que eu conseguir fazer, colocá-los em roda. E pedi para se apresentarem. Estavam curiosos para saber quem eu era; ouviram-me. Mas cinco minutos depois foi um desespero. Os alunos se mordem, chutam, batem, cospem, fazem guerra de giz, os brinquedos só servem para serem tacados nos colegas. Uma professora me disse que sou a terceira professora que passa nessa turma só neste ano. Ninguém parece conseguir controlá-los. Na segunda-feira, quando encontrei com você, tinha acabado de chegar da escola. Logo em seguida, sentei em um banco e comecei a chorar. Repassei todos os meus métodos. Olhei olho no olho, perguntei o porquê da agressividade, contei até três, e quando me dei conta já estava *gritando*. Na terça-feira falei com a professora do turno da manhã, que me disse que eles estão me testando, o negócio é fazer cara feia e *gritar*. *Gritar!* é só o que eu vejo as professoras fazendo, parece que é a única linguagem que eles "entendem". Os inspetores disseram que com o tempo eu acostumo. Acostumar? *Eu não estudei tanto tempo para agora me acostumar a gritar*, fazer cara feia para os alunos e resumir a minha prática a evitar

---

2. Nomes fictícios.

que os alunos se matem. Hoje, eu fiz o Combinado com eles. Os alunos compreenderam e aceitaram numa boa. Mas cinco minutos depois, estavam andando por cima das mesas.

Respondi o *e-mail* e, dias depois, recebi outro:

Na semana em que te escrevi e fui premiada com as suas orientações, aconteceu o que você havia previsto: fiz uma meta por dia, e a primeira delas foi *"não gritar"*, pois era o que mais me incomodava. E consegui! *Não gritei*. Mas saí da sala para chorar no banheiro das meninas. Como não conseguia me recompor, fui até a secretaria e disse que não tinha condições de continuar com a turma. É uma sensação de incapacidade e frustração que vai tomando conta de você, e chega uma hora em que você se lembra que ainda não *"virou pedra"*, e corre para o ombro amigo mais próximo para desabar.
Hora da saída, turma formada na porta da sala, alguns meninos correm para dentro do banheiro. Três disparam pelo corredor, olham para trás, continuam a correr. Descem a rampa do segundo e do primeiro andar. Dúvida: abandono a turma e vou atrás dos alunos ou continuo com a fila? Se abandonar a turma, o caos pode ser maior. Fico. Dia seguinte, a mesma cena se repete. Terceiro dia, a cena se repete. Pergunto à adjunta se há algum agente educador por perto para ir atrás dos meus alunos. Explico a situação, digo que não posso abandonar a turma. Retorno para a fila, dois alunos estão jogando suas mochilas de carrinho de maneira que rolem até embaixo e depois escorregam de joelhos pela rampa. Tentativas para resolver: música para a hora da fila. Pouquíssimos alunos cantam. Elástico em volta da turma: *Estamos dentro de um barco, quem estiver fora do barco vai se afogar. Segurem firme e remem!* Na descida para a merenda, funcionou; na subida, nem tanto. Um aluno diz: "Tia, isso não é um barco, é um barbante". Eu respondo: "Psiu, não estrague a brincadeira". No dia seguinte, eles pisam em cima do barbante para a fila não andar. Um aluno pega um pedaço do barbante e enrola no pescoço do colega. Estratégia abolida.
No refeitório, os meninos não querem ficar na fila. Um aluno chega todo molhado. A professora do 1º ano manda entrarem na fila. Briga com o aluno que está com a roupa molhada. Tira a sua blusa de uma forma não muito gentil, seca o menino com a camisa da escola, manda ele abrir a mochila e pegar outra blusa, limpa. O aluno obedece.

Todos os outros estão com olhos arregalados, com medo e atenção escutam o que a professora diz. Ao subir para a sala, algumas meninas se escondem pelo pátio, outros sobem a rampa correndo. Na sala, chamo a atenção dos alunos. Digo que a rampa é perigosa, que eles não podem correr ou se pendurar no corrimão. Pergunto por que obedecem à outra professora no refeitório, mas não me obedecem. Um diz: "Porque *ela grita*". Respondo: "Mas eu grito também". "Mas ela é mais irritante" (foi exatamente essa a palavra utilizada). "Por que você obedeceu à professora da outra turma, mas não me obedece?", pergunto. Um menino fica calado. Outro diz: "Porque, ela briga com ele". "Mas eu brigo também". "É, mas ele acha que ela briga de verdade" (por mais que eu grite e faça cara feia, acho que eles percebem que essa não é a minha "essência").

Preciso melhorar: comando de voz (não atendem às minhas orientações). Estabelecer rotina. Devido à falta de experiência e troca de horários dos professores extras e refeições, a rotina ficou prejudicada neste primeiro mês. *Ainda grito* (não seria honesto se dissesse o contrário). Preciso desenvolver nos alunos a autonomia para trabalhar com cola branca e tinta guache. Eles costumam despejar todo o vidro de cola em cima da mesa ou no chão. Por questão de segurança, preciso que sigam na fila.

Avanços: levei o livro *Um monstro embaixo da cama*. As crianças amaram! Sentaram na roda, pediram para os outros ficarem em silêncio para ouvir a história, desenharam os monstros que vivem embaixo de suas camas e quiseram manusear o livro. Os alunos já me dirigem a palavra, contam histórias, alguns me abraçam. Consigo realizar a maior parte das atividades. Estou criando o hábito de arrumarem a sala. Obedecem às sanções. O aluno que joga brinquedo nos colegas limpa toda a bagunça que faz, quando lhe é solicitado.

Sonia, comecei a escrever este *e-mail* para você, mas agora percebo que escrevi mais para mim do que para você. Sei que é cedo para querer colher os frutos, mas está sendo muito desafiador. Tento fugir ao máximo da "pedagogia do terror", procuro elaborar as aulas e variar as estratégias até encontrar o que funciona. Agradeço muito seu apoio. Confesso que, quando saio da escola, querendo não voltar nunca mais, ou quando vou me aproximando da sala e vai dando aquele aperto no peito, repito para mim: "Calma, a Sonia Kramer acredita em você". Rsrs. É muito bom fazer essa troca! Assim que tiver mais algum avanço, escrevo para você.

Um grandioso abraço,
Vitória.

Em resposta, pedi que escrevesse quando e por que grita. O *e-mail* seguinte foi longo. Emocionado.

Normalmente, *grito* quando dou o mesmo comando mais de uma vez ou quando presencio uma cena de violência gratuita. Vou relatar uns momentos: aula de Educação Física, o professor pede para sentarem em fila para que eu possa levar a turma. Seis alunos correm. Chamo os que estão dispersos e subo com a turma. Quatro dos que haviam fugido aparecem. Digo para não fazerem mais isso, pois é perigoso. Ameaçam descer novamente. *GRITO!* "Voltem para a fila *AGORA*!".
Subo a primeira parte da rampa, dois alunos (do mesmo grupo que havia fugido) dão chutes no portão da rampa. *GRITO!* "Vocês não podem chutar o portão, vão amassar o portão e ainda podem machucar o pé".
Sentados em roda, menos um que está andando por cima das mesas. Mando-o descer. (*sem gritar*). Ele, então, se dirige para a caixa de brinquedo, pega alguns legos e joga pro alto. Falo para ele vir até a roda, pois estou contando uma história bem legal. Não me dá atenção. Deixo-o quieto. Depois, ele se aproxima da roda e chuta as costas de um colega que está sentado. *GRITO!* "Senta *AGORA* aqui do meu lado".
Subindo a rampa, alguns alunos deitam e rolam no chão. Ao entrar na sala, encontro outros embaixo da pia, a cortina de TNT rasgada. Entrando na sala, alguns vão para debaixo da mesa, outros pegam livros e tacam para cima, pegam legos e constroem armas. Em dois minutos, a sala fica muito suja: papel picado no chão, lápis de cor jogado (jogam o giz de cera no chão e depois pisam em cima). *GRITO! GRITO MUITO!* Digo que tinha contado história, feito brincadeiras na primeira parte e agora eles não estavam me obedecendo. Digo para catarem tudo o que está no chão, arrumarem as cadeiras. Vou atrás de uma vassoura para varrerem a sala, mas não encontro.
Ensinei a música "Piu piu piu coloca a mão no meu ombro/Piu piu piu não deixe o trem descarrilar/Eu sou a máquina, vocês são os vagões e os passageiros são nossos corações". *Funcionou dois dias!* Eles com a mão no ombro e cantando a música. Mas tem dias e dias.
Escrevi muito, mas preciso compartilhar dois episódios que aconteceram esta semana.
Os alunos estão sentados nas mesas em atividades. Conversam:

– A professora fulana é maluca. Hoje de manhã, ela me puxou pela orelha.
– É... Ela me pegou pelo ombro e me sacudiu.
– Ela é...
– Quem é maluca? – pergunto.
Os alunos se assustam.
– Podem falar!
– A professora fulana, ela me pegou pela orelha e me colocou sentado no refeitório.
– É, tia... ela me pegou pelo braço e me sacudiu. É doida ela.

Chego na escola; na secretaria, encontro meu aluno em pé num canto. Adjunta: "Seu aluno estava acordando todo mundo, então a outra professora o trouxe para cá". Vou até o aluno dizendo: "Já começou o dia aqui, rapaz?" (dou um abraço nele e pergunto se está tudo bem, abaixo e converso com ele, que me diz que não fez nada). Digo que a outra professora não é de levar aluno para a secretaria, então, se ele está ali, alguma coisa ele fez. Continuo conversando. A outra adjunta chega e ouve da primeira: "A professora chega aqui, encontra o aluno na secretaria e dá um abraço nele e... [mais alguma coisa que não consegui compreender e saem da secretaria]". Depois, saio e vou até a adjunta avisar que estou levando o aluno para a minha sala. Ela diz: "Tudo bem, professora, *mas ele não merecia aquele abraço que você deu nele*, pois ele está muito bagunceiro e desobediente".
Eu digo: "Ah, eu sei disso, mas o abraço é uma prática nossa. Todo dia, quando eu chego, eu abraço eles, conforme eles vão acordando e pergunto como eles estão, né, fulano? Mas eu já conversei com ele".
Adjunta: "Pois é... mas você não merecia o abraço, viu, fulano, você tem que obedecer à professora" [*agi errado?*].
Talvez contar isso a você seja antiético. Mas não sei o que pensar e muito menos o que fazer. Sobre a conversa dos meninos, pensei em contar para a professora da manhã o que ouvi eles falando, sem acusações, mas para ela saber.
Estou pensando em conseguir algumas fantasias para poder contar histórias para eles.
Para terminar, algo bom: passei uma atividade de recorte e colagem com a tesoura.

Aluno: Tia, não sei usar isso, não.

Professora: Segura assim, bem firme, pega o papel, abre e fecha, abre e fecha.
Aluno: Que maneiiirrooo!
Muito obrigada pela paciência e apoio!
Abraço,
Vitória

Vitória, respondo para você aqui.

É mais importante escrever para você mesma do que para mim: a escrita organiza. Escrever ajuda você a se arrumar e ir vendo as melhores alternativas, as que dão certo, as que precisam mudar. Parabéns por estar conseguindo ver os avanços e por usar tesoura, senhora professora corajosa!!! Isso indica que você perdeu o medo das crianças. Excelente eles perceberem a diferença entre a outra professora, que briga ou grita de verdade, e você. Você precisa encontrar seu ponto de firmeza com respeito. Manter a ordem, *mas não pelo medo*. Esse ponto tem a ver com o abraço: nunca espere de mim dizer que é errado dar um abraço. Você pode dar um abraço e, séria, dizer para a criança o que quer dizer. Lembra que as mudanças acontecem devagar. Não é porque você decidiu mudar que as crianças vão mudar. E não desgaste ideias que deram certo. Você precisa ser criativa com as crianças que são criativas também. Quando uma ideia funcionar, não repita; procure outra similar e vá alternando.
Cuidado com o tema dos maus-tratos. Não se arrisque a expor as crianças. Pense um pouco mais em quando e como falar disso. Converse com alguém da escola que possa ser sua aliada. E seja aliada das crianças. Talvez você descubra outros atos de agressão contra elas. Quanto ao texto, penso em trabalhar esse material que você está me dando de coração e pensamento tão aberto. Você e Rita têm questões parecidas, que entraram no texto que estou escrevendo para o colóquio de currículo. Beijos e boa noite.

Sonia,

Penso que toda criança merece um abraço, independente de qualquer coisa. A dúvida foi porque a adjunta ficou incomodada. Minha falta de domínio sobre a turma está começando a afetar minha relação com

alguns membros da secretaria. Se os alunos fogem da fila, se não ficam sentados na hora da saída, então não sou uma boa professora. Bom professor, nessa concepção, é aquele que os alunos respeitam mesmo que seja por medo. Ou seja, em pouco tempo, meu diálogo com a direção diminuiu, por isso não me sinto à vontade em comentar o que ouvi das crianças com ninguém na escola. Semana passada, no conselho de classe, a professora do turno da manhã falou abertamente diante do diretor dos problemas da turma e confessou *dar uns sacodes*. A impressão que eu tenho é que meus alunos estão anestesiados e, por causa disso, nenhuma ação para adquirir respeito funciona.
Suas palavras foram bem claras. Sei que o resultado é demorado, mas nossa mente responde de forma rápida com pensamentos de desânimo, frustrações e incapacidade. Sigo por paixão, não à realidade que encontro agora, mas ao sonho que um dia tive, pretendendo torná-lo real.
Um forte abraço,
Vitória

Rita

O texto de Rita foi escrito a meu pedido, depois de seu relato emocionado em uma reunião do grupo de pesquisa.

Assim que terminei a graduação em pedagogia, me inscrevi no primeiro concurso para professor de educação infantil deste município. Era recém-formada, ansiosa em me tornar oficialmente professora! Não tive dificuldades em fazer a prova. As dificuldades viriam depois. Passei dentro do número de vagas disponibilizadas para a coordenadoria regional que havia escolhido, mas, quando veio a prova de títulos, "caí" quase cem posições. O fato de ser recém-formada não me ajudou nessa etapa do concurso.
Deixei o concurso para trás. Comecei a trabalhar em uma escola particular de educação infantil. Foi uma experiência maravilhosa. Pude viver na prática tudo o que havia aprendido ao longo da graduação. A escola em que trabalhei era extremamente organizada. Quando cheguei, sabiam que eu não tinha experiência. Começamos com calma. As crianças e eu estávamos em adaptação. Só vim a ficar sozinha com a turma na segunda semana de aula. No início,

fiquei com a antiga professora da turma que passaria a ser minha. Conversamos sobre as crianças, tive oportunidade de ler os relatórios do ano anterior. Foi-me explicada a rotina da escola e foi organizada uma reunião para me apresentar formalmente às famílias. Enfim, me senti totalmente acolhida naquele espaço.

Passado pouco mais de um ano, não acompanhava mais as chamadas do concurso, nem pensava mais nele, até receber o telegrama de convocação. Um misto de sentimentos tomou conta de mim. Estava feliz por ser convocada, mas isso significava que teria de sair da escola. A ansiedade era grande. Passar pela perícia do município e receber o "apta" não me deixou mais tranquila. Faltava ir à CRE [Coordenação Regional de Educação] escolher a escola em que iria trabalhar. Muitas dúvidas e receio de não conseguir ficar numa escola que fosse do meu agrado. Enfim, fui lotada em uma creche em que, como a própria funcionária da CRE falou, "ninguém quer ir para lá". Não dei importância. Comecei a trabalhar. Estava ansiosa para conhecer a nova turma. Queria começar a planejar atividades, conhecer o projeto da escola.

No primeiro dia na escola, pude entender perfeitamente o comentário que escutei na CRE. Ninguém quer trabalhar nessa escola, pois a dificuldade para chegar é grande. Ela fica no alto de uma comunidade situada na zona sul da cidade. Impossível chegar a pé. Além de pegar uma condução para chegar à comunidade, é preciso outra para chegar até a escola. Só há duas possibilidades: kombi ou mototáxi.

Fui informada de que o horário de entrada seria às 7 horas da manhã. Cheguei à escola 20 minutos antes e não havia ninguém além da porteira que, simpática, perguntou se eu era professora, informou que a diretora adjunta ainda não havia chegado e me levou para uma sala onde esperei quase uma hora, até ela me informar que a adjunta havia ligado – eu ficaria "na turma da tia S.", Maternal I (crianças de dois e três anos). Ela me levou até a sala, apresentou a auxiliar, que comemorou minha chegada, dizendo que não aguentava mais trabalhar das 7 às 9 horas sozinha. Disse que, na turma, são 23 crianças; três em adaptação sairiam mais cedo.

Senti-me perdida, sem orientação. A auxiliar não sabia como agir na minha presença, estava desconfortável comigo, a todo momento perguntando como eu fazia na escola em que trabalhei. Disse para ela fazer como estava acostumada, que eu queria conhecer a rotina da escola e as crianças. Essa auxiliar era a professora da turma até a minha chegada. É formada em pedagogia, mas não se interessou em

fazer o concurso para professor de educação infantil. Outras auxiliares da escola também cursaram pedagogia ou letras.
Perto do horário de saída, a adjunta chegou e me chamou para conversar. Só relatou aspectos negativos: falta de verba para materiais, carência das crianças, duras críticas ao comportamento das famílias, que não se interessam pelo trabalho pedagógico, episódios em que as crianças se machucaram seriamente na escola. Perguntei se a escola trabalhava com projetos e a resposta foi *temos um projetinho. A cada dois meses será trabalhado um autor com as crianças*. Ao perguntar sobre o projeto (se havia algo escrito que eu pudesse ler ou algum material de estudo), percebi que o projeto não existe. A escola nem biblioteca tem. Há alguns livros, mas não daria para trabalhar um autor. A própria adjunta relatou que as auxiliares não estavam seguindo o projeto.
A escola tem seis turmas em horário integral, do Berçário ao Maternal II. Contando comigo, há três professoras de educação infantil; as outras chegaram à escola no final do ano passado. Só uma professora dobra na escola, ou seja, à tarde, só uma turma tem professora. Não há coordenadora pedagógica. Depois de um mês na escola, ainda não conheci a diretora. Disseram que, por morar longe, ela só vai à escola à tarde. A adjunta também nem sempre está na escola pela manhã; quando precisei conversar com ela, não a encontrei. De manhã, quase nunca há alguém da direção.
Segundo a adjunta, como ninguém quer trabalhar na escola, quando aparece algum professor ela coloca nas turmas de crianças maiores. "O Berçário não tem tanta necessidade de professor, as turmas de crianças maiores, sim. A secretária de Educação disse que temos de alfabetizar as crianças. Só podemos fazer isso com professor em sala de aula."
Estava com muitas expectativas para esse início, porém saí da escola no primeiro dia sem vontade de voltar. Nos dias seguintes, a situação foi ficando pior, comecei a questionar a minha prática. Estava totalmente desanimada para trabalhar. Não me senti pertencendo àquele grupo. Sempre que alguém da escola se referia à minha turma dizia: *turma da tia S.*, até mesmo a adjunta. Toda atividade que pensava em realizar com a turma não dava certo. Sempre algo me impedia: espaço, material, auxiliar criticando, minha insegurança. A auxiliar sempre me dizia: "Aqui não é igual a sua outra escola, aqui é tradicional".
Não havia diálogo com as crianças. *Comecei a perceber que eu só fazia gritar com a turma. Estava agindo como as auxiliares.* Queria

que as crianças ficassem quietas e sentadas todo o tempo, pois tinha receio de agitá-las demais e depois não conseguir dar conta. A sala é pequena e elas são muitas. Comecei a pensar em atividades sem levar em conta as crianças. Encontrei-me subestimando a capacidade delas. *Não era assim que estava acostumada a trabalhar.* Datas comemorativas passaram a fazer parte da minha rotina. Escutei diversas professoras dizerem: "Planejar seguindo as datas comemorativas é muito mais fácil". Para mim, não! Tive de trabalhar Páscoa, Dia do Índio, Descobrimento do Brasil. O ano letivo da escola é planejado com base em datas comemorativas, o que desfavorece a ampliação de conhecimentos. Agora, me vejo tendo de fazer o planejamento baseado no Dia das Mães. Passo a maior parte do tempo preparando "lembrancinhas". Enfatizar datas como o Dia das Mães, por exemplo, é ignorar a mudança no perfil das famílias, que nem sempre contam com a presença da figura materna.

A falta de espaço para as crianças é um problema com o qual tenho de lidar todos os dias. Atrás da escola, há uma quadra enorme, mas as crianças não podem usar. Depois de duas semanas trabalhando, descobri que há um solário no segundo andar da escola e descobri também que a minha turma não tinha horário para usar esse espaço. Depois de muito insistir, consegui meia hora todas as sextas, para que minha turma pudesse ir ao solário. Todos os outros dias da semana as crianças passam todo o tempo dentro da sala de aula.

Estou nessa escola há pouco mais de um mês. Minha relação com as crianças está muito melhor. Começo a me sentir parte da turma e sinto que as crianças já estão se sentindo à vontade comigo. Recorrem a mim quando precisam de alguma coisa, quando têm alguma dúvida. *Os gritos deram lugar ao diálogo.* Percebo que a conversa tem tido bons resultados com as crianças. *Elas realmente me escutam e eu passei a escutá-las também.* Estou feliz por ter ido para essa escola, apesar de todas as dificuldades.

Reflexões e considerações

Vitória e Rita sabem que as crianças são ativas e curiosas. As duas são, como muitas professoras, estudiosas e responsáveis. Têm um sonho que esbarra nas escolas e em seus currículos, suas condições concretas, seu tipo de autoridade e sua distribuição de poder.

As interações entre adultos e crianças evidenciam fragilidade. Os adultos, para assumir posições, amedrontam, agridem, desrespeitam. Aconselhei Vitória a observar e pensar, não ter medo das crianças nem dos adultos; refletir se crianças de quatro anos devem ser obrigadas a dormir, sobre as outras professoras, a rotina, as práticas. Pedi para considerar o papel que é imposto às crianças por gestores e professores, de serem barulhentas, agitadas, agressivas, impossíveis, como foram apresentadas à Vitória. E concordei que ela precisa encontrar formas de relação e organização, além da fila, dos gritos e das ameaças.

As concepções de infância, aprendizagem e conhecimento que orientam as ações dos profissionais resultam na escola de Rita em um currículo estruturado em datas comemorativas. É forte a crítica que ela faz a essa modalidade de currículo. É forte o conflito vivido por ela que, recém-graduada, optou por uma escola de dificílimo acesso para conciliar a vida profissional com a pesquisa e o curso de especialização em educação infantil à noite.

Chama atenção a responsabilidade das duas diante das turmas que receberam e acolheram. Essa responsabilidade, ou agir ético (Bakhtin 2010), e a honestidade as levaram a pedir ajuda e superar os limites impostos pela situação em que foram colocadas. A coragem, a escuta, o reconhecimento de que lhes doíam mais seus próprios gritos do que os das crianças mobilizaram sua ação e mudaram sua presença na sala e na escola. Passaram a refletir e planejar cada passo. E a escrever.

A escrita é uma importante experiência na formação (na delas e na minha) e na mudança curricular. Baseada na escrita de Vitória, pude conversar sobre seus conflitos e assumir suas dificuldades como minhas, pois nosso encontro se dá em um curso em que sou professora. Para as questões de Rita, abrimos espaço no grupo de pesquisa. O estudo de Buber (2009) e do conceito de diálogo favoreceu a escuta de alguns dilemas. Sua escrita e a prática partilhada mudaram a minha escrita, entrando – sem precisar pedir licença – no texto que escrevia para um colóquio.

Falar de educação infantil e currículo exigiu atravessar essa escrita pela delas, me alterando. Como professora e pesquisadora, meu compromisso incondicional é com a mudança curricular, didática, profissional ou pessoal de Vitória, Rita, como de tantas professoras e escolas. A mudança se dá como ação sutil e atenta, escuta de cada grito como expressão que exige resposta, na sala de aula, na pesquisa, na gestão ou em um colóquio.

Por atuarem na contramão do estabelecido, pensarem ao contrário, virarem de ponta-cabeça as situações enfrentadas, subverterem a direção e o fracasso esperados pelos colegas e pelas crianças, por sua coragem, eu lhes agradeço. Seus relatos mostram a distância entre os resultados de pesquisas ou políticas *e* as práticas. Distância entre o conhecimento academicamente disponível e as práticas com crianças nas instituições que fica à mostra, em carne viva, e ensina que são urgentes a intervenção e a mudança curricular para que crianças e adultos desejem aprender e confiem nas suas possibilidades de fazê-lo; que a brincadeira e a linguagem sejam eixo de currículos entendidos como respostas provisórias, mas estruturadas, que garantam criação, expressão e acesso à produção cultural, em especial livros literários; que ajudem a superar filas, datas, gritos e grades, porque a gente não pode se acostumar a creches, pré-escolas ou escolas marcadas por invisibilidade, silêncio e controle em vez de encontro e presença.

O rosto, o vínculo, a linguagem das duas professoras são motivo para encarar o abismo de que fala a epígrafe deste texto. Rita continuou na creche, enfrentando não apenas os obstáculos ao subir e descer o morro, mas os limites para realizar seu sonho. Ela conta – e sabe disso – com seu conhecimento, sua experiência e sensibilidade. Texto do colóquio fechado, Vitória me diz que decidiu sair da escola. A gota-d'água foi o episódio relatado pela coordenadora, que, como professora, deixou um menino agressivo bater em outro e, depois, ameaçava chamá-lo para garantir a ordem. Foi difícil escrever, ler agora e – suponho – escutar, mas repito: a coordenadora sugeriu, como estratégia, um modo de agir que tinha como professora, quando, para controlar, ameaçava chamar uma criança agressiva e violenta *para assustar e dar um jeito* nas que não obedeciam. Como se a formação de milícia tivesse substituído a formação humana, meta do nosso trabalho que visa garantir direitos, autoridade e respeito. Vitória sabe que conta com seu conhecimento, sua experiência e sensibilidade. E com o meu apoio. Há situações que não podem ser aceitas. Enfrentar pode significar permanecer e pode significar mudar, de postura, de posição, de lugar. Mudar-se. Não se acostumar.

Ao terminar, um duplo desafio: denunciar o episódio sem expor a professora; reverter cada vez mais numerosas situações observadas na rua, em espaços culturais (entre eles, a escola), em que adultos evidenciam que não sabem o que fazer com as crianças. Cenas inadmissíveis, palavras duras, atitudes que expressam preconceito contra crianças impedidas de brincar, rir ou chorar, cantar ou dançar, tocar nos outros, de aprender, de não saber, de mostrar sentimentos revelam desumanização. A área do currículo precisa incluir a discussão da autoridade e mobilizar-se em torno da educação de crianças como pessoas que são e que merecem atenção, ação e orientação de adultos que saibam lidar com conhecimentos, valores, autoridade e afetos. Pelo bem e pela preservação da humanidade.

2
NA PRÉ-ESCOLA, NA ESCOLA: A INSUSTENTÁVEL LEVEZA DE SER E ESTAR COM CRIANÇAS[1]

A insustentável leveza do ser, do autor checo Milan Kundera, é um belo romance sobre a dificuldade de sermos livres, de voar além do conhecido, de viver sem amarras, mordaça ou aprisionamento. As coisas acontecem uma única vez ou são uma constante repetição?, indaga o autor. Lido na juventude, relido na maturidade, esse livro sempre me leva à reflexão de como é difícil, mas necessário, enfrentar o medo de fazer diferente. Para ser leve, é preciso ousar se soltar. Contudo, para muitas pessoas, esse é um ensinamento ou um sentimento insuportável, insustentável. O peso, a dureza, a repetição do mesmo, o apego a fazer sempre igual e a se encerrar em modelos e padrões já conhecidos com frequência se sobrepõem a querer e conquistar a liberdade de mudar, imaginar e criar.

---

1. Texto publicado em R.G.G. Cintra (org.). *Desafios da prática docente na educação da infância: Pesquisas no cenário contemporâneo*, v. 1. Campo Grande: Oeste, 2014, pp. 13-36.

Esse é o motivo do presente texto: pensar as práticas com crianças como lugares em que – para muitos adultos, especialmente professores – parece insustentável ser criança e estar com crianças, brincando, rindo, se emocionando, ensinando, assumindo, sim, a responsabilidade de ser adulto e a necessidade de dar respostas às necessidades infantis, mas sabendo ao mesmo tempo ousar a alegria, a descontração, o espírito criador e a mudança.

Durante anos, trabalhei com crianças em creches, pré-escolas e escolas, como professora de educação infantil e ensino fundamental, coordenadora pedagógica, supervisora e diretora. Desde o fim da década de 1970, apoiada em Freire e Freinet, em seguida em Benjamin, Bakhtin, Vygotsky e, nos últimos anos, em Buber, tenho atuado na formação de professores, na formulação de políticas públicas, em pesquisa e intervenção educacional. Refletindo sobre essa experiência e observando situações fora das instituições escolares, noto, preocupada, a indiferença que parece predominar nas práticas dos adultos com as crianças.

Infância, educação e direitos humanos (Bazílio e Kramer 2003), entre outros livros e artigos, partilha reflexões e aflições que a questão provoca em mim e que costumo debater em conferências, reuniões técnicas, aulas regulares na graduação e na pós-graduação ou em seminários. Posso sintetizá-las em uma afirmação e uma indagação: muitos adultos trabalham com crianças com práticas duras, pesadas; por que não abertas e leves?

A oportunidade de acompanhar pesquisas de especialização, mestrado e doutorado e a produção de monografias, dissertações e teses tem trazido mais materialidade à visada do tema e às sutis formas de minha inquietação. O levantamento recente feito pelo grupo de pesquisa Infância, Formação e Cultura (Infoc), analisando as 30 teses e dissertações defendidas com a minha orientação de 2004 a 2013, traz elementos que podem ser importantes para analisar e repensar as práticas dos adultos na educação de crianças.

Este texto faz a releitura de cinco dessas pesquisas voltadas à pré-escola e à escola de diferentes municípios do estado do Rio de Janeiro: três dissertações (Barbosa 2004; Mello 2008; Maia 2011) e duas teses

(Freire 2008 e Motta 2013). Seu referencial teórico está ancorado em Benjamin, Bakhtin, Vygotsky e na sociologia da infância. As pesquisas tiveram o cuidado metodológico de recortar as situações de campo, tomando-as como eventos: para Bakhtin (1992), deve-se considerar o lugar que cada pessoa ocupa e como esse lugar impacta o sentido produzido por sua fala ou ação. Corsaro (1985) define evento como sequência de ações compartilhadas que começam com o conhecimento da presença de dois ou mais atores que se relacionam e tentam chegar a um sentido comum. Algumas pesquisas identificam o município; neste texto, os nomes dos municípios são omitidos. A concepção de infância que norteia as pesquisas entende a criança como sujeito social que produz cultura e é nela produzido, brinca, aprende, sente, cria, cresce e se modifica ao longo do processo histórico que constitui a vida humana (Kramer e Motta 2010).

A escrita deste texto, baseada também em Buber, mostra parte do que foi pesquisado e faz um exercício que pode ajudar a rever práticas e processos, buscando olhar do lado de dentro, ou seja, assumindo também o lugar da fala e os vieses dos comentários. Vale esclarecer que, ao lado das análises e conclusões das autoras, a indignação, os comentários e as reflexões apresentadas aqui são de minha total responsabilidade, ressaltando que

> Não posso retratar nem descrever o homem no qual, pelo qual, algo me foi dito, nada posso contar sobre ele; se tentasse fazê-lo, já seria o fim do dizer. Este homem não é o meu objeto; cheguei a ter algo a ver com ele. Talvez tenha que realizar algo nele; mas talvez apenas tenha que aprender algo e só se trata do meu "aceitar". (Buber 2009, pp. 42-43)

"Mais tempo para a aula"

Barbosa (2004) pesquisou interações entre crianças de quatro e cinco anos e adultos, com o objetivo de compreender como as crianças usam o espaço, o que fazem, falam, como brincam, e analisar o tempo planejado e as práticas em uma pré-escola pública de tempo integral situada em um lindo e imenso parque, também público. Com base em Bakhtin, Benjamin, Da Matta, Kramer e Sarmento, seu estudo de caso mostrou uma instituição onde prevaleciam atividades instrucionais. Na fala de uma professora: "Não podemos demorar muito na alimentação, é preciso ter mais tempo para a aula... se a gente não fizer assim, ficar dando muito tempo para comer, não tem aula e nós somos escola. Se não for assim, a gente acaba ficando aqui só para cuidar?" (p. 63).

O tempo e a intenção de ensinar coisas e o monólogo disfarçado de diálogo (Buber 2009) predominam nas interações. Como afirma esse filósofo:

> Não existem somente grandes esferas da vida dialógica que na sua aparência não são diálogo, mas existe também o diálogo que não é diálogo enquanto forma de vida, isto é, que tem aparência de um diálogo, mas não a sua essência. Aliás, parece, às vezes, que esta última espécie é a única que existe. (*Ibid.*, p. 53)

As crianças são curiosas, têm vitalidade e tentam resistir diante de ações da professora, a meu ver, repetitivas e muitas vezes sem sentido ou coerência.

> Na turma B, um menino trouxe uma tartaruga. A professora decide mudar seu planejamento a partir do interesse das crianças... pergunta o que a tartaruga come, como ela anda e as crianças vão falando. Depois diz: *vamos comparar a tartaruga com a gente. Tartaruga vai no banheiro?* As crianças respondem *não. Por quê? Porque ela é pequena... porque que ela não sabe ir...* A professora diz *é porque as crianças são animais que pensam e a tartaruga não pensa...* Depois da tartaruga ser explorada para trabalhar igual-diferente, mole-duro, liso-áspero... a professora diz para eles perguntarem coisas diferentes. Um menino quer saber se *ela consegue ver televisão? Claro!* É a resposta eufórica das crianças e do dono da tartaruga. A professora sorri, mas não encaminha a questão, passa adiante. (Barbosa 2004, p. 77)

Em outros momentos, a professora leva em conta o interesse das crianças, em especial o que trazem como novidade para a escola.

[Na turma A, um menino trouxe uma reportagem de jornal sobre tubarões na costa brasileira. A professora dá uma olhada... e diz para o menino que eles vão ver depois]. A professora diz que Sam trouxe uma reportagem muito interessante e vai passando pela rodinha para as crianças olharem. A professora se senta e começa a falar da reportagem, destacando o que acha importante. São 25 crianças sentadas na rodinha e falam muitas coisas ao mesmo tempo... Muitas perguntas se perdem no meio das explicações. [Um tempo depois] começa a ler a reportagem. Vai lendo e fazendo algumas perguntas: *o que é um furacão?* É igual à *"Bay Blade"* A professora não ouve e responde dizendo que é um vento muito forte. *O que é terremoto? Quando a terra treme... O que é pânico? Quando a gente fica assustado...* Para todas as perguntas, as crianças têm uma resposta, mas, a essa altura, muitas crianças parecem não estar ligadas na proposta. As crianças já estão sentadas na rodinha há mais de uma hora. Ao terminar de ler, a professora propõe que as crianças façam um desenho sobre a reportagem. Depois de desenharem as crianças voltam para o lugar da rodinha. A reportagem está no mural, um menino vai olhar e volta num grande mergulho: *eu sou o tubarão martelo...* e a rodinha torna-se um grande mar. Algumas crianças vão até o mural, olham um tubarão e vão para o "mar" imitando um tipo de tubarão. (Barbosa 2004, pp. 77-78)

Interesse genuíno ou perguntas retóricas feitas como forma de passar conteúdos, a releitura da dissertação evidencia contradições nas práticas observadas, em que o desconhecimento do outro e a vontade de transmitir coisas se destacam.

[Durante uma atividade, as crianças estão em volta das mesas colorindo um desenho.] Numa mesa, as crianças falam sobre o Hulk. Gab pergunta:
– Tia, o Hulk pega a gente?
– *Gab, isso não é hora de falar sobre o Hulk, é hora de pintar o desenho.* (Barbosa 2004, p. 84)

Porém o que mais chamou minha atenção desde o início da orientação foi o espaço ao redor não ser visto. Apesar de essa pré-escola estar situada dentro de belíssimo jardim, não há menção a ele pelas crianças nem pelos adultos. Com relação a esse aspecto, Barbosa descreve um evento em que a professora pega uma cartolina dobrada, abre e mostra para as crianças o mapa da escola desenhado por ela.

– *O que é isto?* – pergunta a professora.
– *Um adesivo! Não, é o pátio!*
– *Isso! É um mapa da escola que o coelhinho da Páscoa deixou para nós* – diz a professora.
As crianças vão identificando as coisas do pátio: quadra, brinquedos, árvores. Um menino aponta para o desenho que representa o prédio e fala:
– *Ih, aqui é a escola!*
– *Aonde?* – pergunta a professora.
– *Aqui, onde está para baixo.*
A professora mostra o portão preto e o menino fala:
– *É o portão da escola.* (Ibid., p. 70)

A escola é, portanto, identificada com o espaço construído, fechado pelo portão. É como se o parque fosse invisível ou como se a escola não estivesse ali. Não podemos dizer que se trata de confinamento, decerto que não, mas o espaço institucional é fechado, duro, respira pouco do verde das árvores, das cascatas e caminhos do parque. Em observação da mesma escola, dez anos depois da pesquisa de Barbosa, deparei-me com esse mesmo cenário. Nenhuma curiosidade? Nenhum desejo de fazer diferente?

(...) a professora da turma A apresenta para as crianças um mapa deixado pelo coelho da Páscoa em cima da sua mesa com um bilhete.... [Em seguida] a professora lê o bilhete que orienta a seguirem as pistas indicadas no mapa com as pegadas do coelho e encontrar algo escondido. As crianças vão identificando os lugares com as pegadas. A professora diz que é preciso seguir a ordem definida por ela: as crianças devem passar pelo trepa-trepa, depois pelo escorrega que está quebrado e, finalmente, pelo túnel. Após ouvirem: *Agora vamos todos para fora*, uma fila se forma rapidamente. No pátio, a professora arruma as crianças sentadas na quadra e de lá elas veem um grande embrulho de papel celofane vermelho, azul e amarelo dentro do túnel. Algumas se levantam e correm para o túnel, mas a professora diz que é preciso seguir as pegadas indicadas no mapa. *Mas a gente já viu, a gente já viu!* As crianças seguem as pegadas sem prestar muita atenção, pois seus olhos estão ligados nos celofanes coloridos. As crianças voltam para a sala com três ovos grandes com um bilhete, cantando: *Coelhinho da páscoa, que trazes pra mim...* O novo bilhete diz que o coelhinho deixou um presente. As crianças querem abrir para ver o presente, mas a professora sorri e diz que são só bolas enroladas em papel celofane. *Não, não pode abrir.* As crianças insistem e a professora mostra que *é bola mesmo, dá para ver, pois o papel é transparente.* (*Ibid.*, p. 78)

Por que as crianças não podem abrir o presente? É a pergunta que se insinua. Mais do que isso, práticas culturais (como ler ou contar e ouvir histórias) são marcadas por preparação e aproveitamento, sendo deslocadas do âmbito da fruição estética para o da aprendizagem, pouco contribuindo para a imaginação infantil.

Antes de contar a história "O peixinho e o sonho", a professora pergunta:
– *O que é sonho?*
– *Sonhar é dormir* – uma criança responde.
– *Dormir é o mesmo que sonhar?*
– *Não* – fala um menino –, *quando a gente vê filme a gente sonha.*
Ao final da história, a professora pergunta se a gente só sonha quando dorme.
– *O peixinho sonhou dormindo?*
– *Não.*
– *E as crianças têm sonhos?*
– *Eu quero ganhar um carrinho* – é a resposta de um menino.
– *Esse é o seu sonho?* – pergunta a professora, achando uma certa graça. – *Não, eu quero saber o que vocês sonham ser quando vocês crescerem.*
As crianças vão falando: motorista, polícia, vampiro, porteiro, bombeiro, inventar um carro que voe, médico, veterinário, jogador de futebol, cabeleireiro, professora. Ao final, a professora pergunta:

– *Qual era o sonho do peixinho?*
A primeira resposta das crianças parece destoar da história:
– *Crescer!*
A professora repete a pergunta, dizendo que é para responder o que aconteceu na história, e completa:
– *Não, ele queria um rio limpo.*
A professora revê a história e eles contam tudo. Em seguida, ela diz para as crianças desenharem o que mais gostaram da história (...) em todos os desenhos, as crianças fazem o peixinho na água limpa.
(*Ibid.*, p. 94)

Situações como a descrita anteriormente soam difíceis de observar ou reproduzir neste texto, pois encostam em símbolos de classe social de que a professora parece ter pouca clareza ou sensibilidade. O leitor deve notar que querer ser vampiro quando crescer não suscitou comentário da professora, diferentemente da limpeza da água, que – além de estar no texto da história – se configurava como uma noção (social? moral?) a fixar.

Assim, conteúdos estereotipados e de duvidosa correção se sobrepõem a momentos de brincadeiras e práticas com arte. Pouca ênfase à amizade, à descoberta e à criação, pouca ou nenhuma alegria são a tônica, salvo engano que encontro na minha releitura dessa instituição descrita na pesquisa. As conclusões da autora apontam uma criança vista como aluno, alguém que não sabe e precisa ser ensinada. As práticas observadas não propiciam à criança viver a infância como experiência com a cultura, diz a autora. Do meu ponto de vista, há uma indiferença em relação ao que se poderia ganhar em termos pedagógicos, entendidos como a alegria de viver naquele espaço. As crianças e os adultos que frequentam a instituição, como alunos, pais, professores e auxiliares, poderiam ser convidados a criar, explorar, conhecer.

"Não é hora de...; não é para..."

Procedimentos e atitudes semelhantes foram encontrados por Mello (2008), que analisou o que significa ser professor mediador na educação das crianças pequenas. Com o objetivo de compreender a mediação do professor na educação, a pesquisa se pautou no diálogo com adultos e crianças e na observação de suas ações em duas turmas de pré-escola em uma escola pública de ensino fundamental. A teoria de Vygotsky e a sociologia da infância contribuíram para o estudo da criança e de sua relação com os adultos e com o mundo. O conceito de signo foi analisado com base na filosofia da linguagem de Bakhtin.

Segundo Mello, há momentos de troca entre os professores sobre a educação das crianças. As professoras são flexíveis em rotinas e consideram o interesse das crianças, incentivam as mediações infantis, principalmente na solução de conflitos, mas parecem se ver como mediadoras apenas quando intervêm nas atividades. As crianças fazem mediações entre suas ações e as dos adultos, com seu modo peculiar de ver e agir no mundo, com falas e modelos apreendidos dos adultos ou reinterpretados (Corsaro 1985).

Os três eventos que escolhi para comentar se aproximam do estudo de Barbosa. O primeiro, de caráter bastante instrumental, segue a estrutura *"não é para falar...; é para"* ou – como dito na história do Hulk – *"não é hora de falar...; é hora de ..."*. Vejamos.

> Durante uma atividade, Maria oferece uma folha fotocopiada para as crianças colorirem a mula com giz de cera e colarem fogo "de celofane". Todas as crianças desenham o mato, fazem a colagem do fogo. Maria diz: "Agora, silêncio, acabou a bagunça. Não é para falar, é para pintar". O grupo vai aos poucos se acalmando, silenciando e trabalhando cada um com sua mula. Maria diz: "Vamos pintar o matinho". Elaine pinta de amarelo. Maria diz: "Ih, a grama dela é amarela". Pablo diz: "Eu pintei de vermelho aqui". Maria diz em tom normal: "Você pintou de vermelho a sua mula". Quem ia acabando, entregava para a professora e ela ia guardando. As crianças continuavam sentadas, conversando com os colegas das mesas ou ficavam em silêncio. Maria começou a cantar baixinho com Juliana e Carolina. Maria: "Não é para vir aqui. Eu vou aí". [Só uma criança se levantou para mostrar o trabalho a ela]. Maria, depois, foi distribuindo os bois bumbás para eles colarem a saia. (Mello 2008, p. 117)

Uma observação feita por Mello é, do meu ponto de vista, muito positiva: crianças mais velhas se oferecem para o trabalho com as mais novas:

> As meninas da quarta série entraram na sala pedindo para ajudar a professora. Eram quatro meninas. A professora foi clara: "Vejam se conseguem fazer eles assistirem o filme". Mais que depressa, elas colocaram todos sentados e disseram em tom ríspido: "Olhem para a TV". As crianças olhavam e logo depois começavam a conversar. As meninas da quarta série continuaram insistindo. Luís se levantou e começou a falar alto. Uma das meninas da quarta série o chamou e disse: "Você quer fazer um desenho ali na mesa?". Ele disse: "Quero". [Assim ele fez]. Logo, outras crianças viram e começaram a pedir para desenhar. Ana interveio e disse: "Ah... não. Podem tratar de ver o filme". (*Ibid.*, p. 86)

Contudo, ainda que seja positiva a iniciativa das meninas em querer ajudar, o afastamento no tempo e no espaço e a liberdade que me dou neste texto permitem-me dizer como lamento a professora não ter sabido se beneficiar da oferta. E isso é desafio para nós que – na universidade e nos cursos de formação continuada – devemos tratar desse tema: crianças mais velhas, leitoras mais experientes podem contar ou ler histórias em pequenos grupos, interagir em brincadeiras de criação ou faz de conta, conversar sobre desenhos feitos pela turma. Sem terem sido orientadas sobre como fazer, as alunas da quarta série, ao receberem o comando da professora, inicialmente se mostram ríspidas e exigem que se cumpra a ordem de ver o filme. Pouco a pouco, o interesse das crianças pelo desenho as envolve e elas mudam, ou porque são mais abertas, admitem mudar, ou porque são também crianças e a proximidade de idade as faz estabelecer empatia estética (Bakhtin 1992) com as pequenas.

A professora, entretanto, presa na rigidez de sua própria ordem, condena-se à manutenção da desordem e da própria chateação (Kramer 1993). As crianças continuam bagunçando; não querem ver o filme. Ninguém – professora, crianças da pré-escola ou da quarta série – cria. Todos ficam contrariados. A professora, amarrada no desconhecimento do outro (Buber 2009), desconhece também a si mesma, suas possibilidades e seus limites.

O último evento que transcrevo dessa pesquisa traz crianças fazendo chapéus de soldado, sob a orientação explícita da professora.

[Após a brincadeira de soldado, a professora sugere que as crianças façam chapéus] Maria: "Olha... vocês vão fazer assim". [Dobra o papel na frente deles, na mesa]. Lucio: "Eu não sei". Maria: "Sabe, sim. Olha, a Vivian vai te ensinar". Enquanto isso, Maria vai de mesa em mesa, dobrando. Maria: "Agora, eu vou pegar a cola". [Maria pega a cola e passa de mesa em mesa, colando as pontas]: "Oh, agora, é só pintar". O chapéu do soldado é verde. Uma criança diz: "A fulana pintou de amarelo". Maria: "Ah, vai ficar feio. O chapéu do soldado é verde". Cada criança vai pintando o chapéu de um jeito, mas da mesma cor. Pierre diz: "Olha, ela está pintando de outra cor". Elaine, que pintava de vermelho, depois da observação, pega o verde. Enquanto isso, da outra mesa, Maria diz: "Marcha soldado, cabeça de papel, quem não tiver chapéu, não vai marchar no meu quartel". Diz isso, porque percebe que Túlio não estava realizando a atividade. Juliana diz: "Olha aqui [mostrando seu chapéu]". Maria diz: "Que lindo soldado, Juliana". (Mello 2008, p. 115)

Como se vê, o objetivo da atividade é cumprido. Mas por que apenas chapéus verdes? A atividade de ensinar a fazer chapéus em muito ganharia se viesse, pelo menos, aliada à ênfase na imaginação e no simbolismo da criança. Nesse caso, a imaginação da professora e das crianças está interdita. Se mudar, "vai ficar feio". A ação da professora evidencia sua clara intenção pedagógica, mas nenhum encontro pedagógico (Buber 2004); não há diálogo nem vínculo estabelecido, apenas – mais uma vez – cumprimento de ordens.

"Perigoso. Melhor ficar aqui dentro. Mais seguro."

A pesquisa de Freire (2008) teve o objetivo de compreender relações entre professores e crianças de quatro e cinco anos em uma turma de escola municipal no espaço urbano do centro da cidade, bem como observar se e como a produção cultural do entorno circulava dentro da escola e se o trabalho feito com as crianças era marcado por essa produção. A escola pesquisada – semelhante à de Barbosa – está situada em uma ampla praça. A fundamentação teórica foi construída com base em Bakhtin, na sociologia da infância e na antropologia. A metodologia incluiu observação, conversas com crianças e professora, descrição de situações vistas, vividas e fotografadas.

Nas conclusões, a autora aponta que as relações entre professores e crianças são ambíguas: diálogos, conversas, respeito, harmonia, afeto convivem com engessamento de rotinas. As relações entre as crianças são alegres, receptivas e fraternas. A escola não partilha o entorno com as crianças, não explora o patrimônio cultural e natural da cidade, que estão ausentes no trabalho pedagógico. O entorno é tido pela escola como perigoso. Algumas crianças se relacionam com ele, junto com suas famílias, nos fins de semana.

> 7:10 h da manhã. O sol está forte. A pesquisadora procura sombras, mas é quase impossível. Está atravessando uma enorme área verde no centro da cidade para chegar à escola objeto de seu trabalho de campo. Vai andando devagar. Olha para as cutias, centenas delas, agrupadas de tantos em tantos espaços. Pensa que estão acordando, devagar, enquanto os transeuntes passam apressados, atravessando o campo para cortar caminho – exatamente o que faz. Espalhados por todos os lugares estão muitos gatos, dezenas, centenas deles. Nessa caminhada, vai observando as pessoas que passam. Transeuntes apressados, pessoas variadas caminhando e correndo; outras ainda sentadas nos bancos; grupos de bombeiros fazendo Educação Física – há uma corporação bem em frente à escola – e, bem no centro do campo, um grupo de senhoras e senhores que diariamente fazem exercícios comandados por um professor. A escola fica dentro desse campo, tem um portão que dá para a rua bem em frente ao Corpo de Bombeiros, por onde entram as crianças, e um portão de ferro que se abre para dentro do campo, mas agora permanentemente fechado. Por que será, pergunta-se? (Freire 2008, pp. 14-15)

As primeiras observações já indicavam, portanto, que o portão entre a escola e o parque estaria sempre fechado.

Parque. As crianças brincam e a pesquisadora se senta em um banco com a professora Natália. Conversam. Natália fala da beleza da cidade, joga restos de frutas por cima da grade para alguns animais, chegam gatos e patos. As cutias não vêm. Fala da beleza [do parque], da cidade, de como é bom, apesar da violência, morar [nessa cidade]. Diz que mora em um bairro próximo à escola, tradicional em termos culturais, que anda pelas ruas, conhece quase todo mundo, que caminha, passeia a pé, que adora trabalhar nessa escola por causa do lugar. Que o "visual é maravilhoso!". "É lindo, você não acha? Ainda mais assim, de manhã!". Pesquisadora: "Por que não leva as crianças para brincar um pouco lá?". Natália: "Porque não. A diretora acha melhor não, é perigoso". Pesquisadora: "Perigoso? Agora de manhã? Por quê?". Natália: "Tem muita gente à toa, sem fazer nada. Tem prostituição também. Melhor ficar aqui dentro. Mais seguro. Depois, o que eles iam fazer lá, fazem aqui". (*Ibid.*, p. 101)

A beleza do lugar, diz a professora, esbarra na proibição imposta pela diretora. A praça – espaço amplo em que está a escola – é considerada perigosa, cheia de estranhos com os quais as crianças não devem falar, mesmo quando estão atrás do aramado que cerca a escola. Ao ar livre, costumam brincar no parque que fica dentro da escola. Na descrição da pesquisadora:

Parque. São 8:30 h da manhã e faz sol. As crianças brincam nos brinquedos, correm para lá e para cá. A professora está sentada. Já alimentou os micos, tarefa diária dela, e lê uma revista. Eu ando um pouco. Não quero ficar sentada ao lado dela o tempo todo. Procuro me misturar às crianças, conversar com elas. Algumas me olham desconfiadas, param de falar quando chego perto. Outras me chamam para sentar em um banco. Esse banco fica bem em frente a um espaço reservado para colocar o alimento das cutias. Um cercado baixinho que um funcionário enche toda manhã. (...) Noto que as crianças não olham, não reparam no movimento, nem do funcionário nem das cutias. O funcionário então grita para as crianças: "Bom dia!". Elas, só nesse momento, olham para fora do aramado e respondem, aos gritos: "Bom dia!". A professora levanta os olhos da revista e diz: "Já falei que não é para falar com estranhos". Mas as crianças não ouvem. Correm para o aramado, ficam em pé no banco e participam da alimentação das cutias. Chamam as que estão mais longe, dizem que são "lesmas", mandam o funcionário colocar mais comida, interagem de forma alegre e amistosa. No fim do trabalho, o homem se despede com um "até amanhã". As crianças respondem em coro e voltam a brincar. (*Ibid.*, pp. 101-102)

Ainda que a professora siga a orientação da diretora à risca, a releitura da tese evidencia sua atitude aberta, alegre, receptiva. Há diálogo, escuta e um clima de alegria em muitas situações em que observamos também o vínculo de outras professoras com as crianças.

As crianças brincaram muito hoje no parque. Depois, foram para a sala de leitura. Às 10:30 h, chegaram à sala de aula. Já almoçaram, escovaram os dentes e vão para a rodinha. Daqui a uma hora, vão embora, mas a professora obedece ao planejamento e canta a música do bom dia, completa o calendário, faz a chamada e a janela do tempo. Pouca conversa. Júlia pede para contar uma história, mas a professora explica com muita educação e cuidado que hoje estão atrasados, que fica para o dia seguinte. Distribui folhas para atividades diferentes nas mesas: desenho com lápis de cor, lápis cera, hidrocor, massinha. Todos passam por todas as mesas. Natália está atenta a todos, afetiva, chama as crianças pelo nome. Elas ficam à vontade, passando pelas mesas e trocando de atividade sem a determinação da professora. (*Ibid.*, p. 118)

Rever essa pesquisa explicitou algo que, na orientação, passou-me despercebido: em muitos momentos, há questões relativas ao espaço, a entrar e sair da escola ou das salas, abrir e fechar o portão. Os seis eventos que escolhi para trazer à luz e comentar se referem a esse aspecto, mas muitos outros trazem o espaço ao centro da cena. Parece que a proibição de sair da escola para a praça, imposta pela direção e por ela também silenciada (pelo menos, não se observou questionamento à regra ou expressão de desejo de sair), permanece entre as ações cotidianas. Não se fala disso, mas o tema está lá: estamos em um espaço lindo, aberto e ficamos aqui dentro, envoltos por uma cerca que nos impede de sair junto com as crianças para usufruir do espaço e das práticas com o patrimônio cultural e natural para o qual esse espaço se abre. No último evento dessa pesquisa que transcrevo o tema fica à mostra.

Refeitório. São 7:30 h. As crianças das turmas de Natália e Evelyn, que tomam café no mesmo horário todos os dias, conversam animadamente. Não há sol, faz frio e cai uma chuvinha fina. A professora de Educação Física ainda não chegou. Evelyn e Natália conversam sobre o que fazer com as crianças. Hesitam entre ir para o parque, mesmo com chuva, ou direto para a sala. Natália: "E então, o que você acha?". Evelyn: "Vamos para o parque assim mesmo. Não está chovendo muito e, na sala, vai ser um transtorno!". Natália: "É, elas vão ficar agitadas dentro da sala, sem ter o que fazer nesse tempo até a Educação Física. Vamos para o parque pelo menos até 8:15 h". Evelyn: "Então, vamos!". Saímos todos do refeitório e rumamos para o parque. A areia está molhada e os brinquedos também. As crianças parecem gostar e correm para brincar. Depois de alguns minutos, a chuva aperta e as crianças, obedecendo ao chamado das professoras, saem correndo para dentro da escola. Natália vai até a sala de leitura e tenta pegar um filme para passar no salão. Todos se encaminham para lá. As crianças estão alvoroçadas. Não teve parque, mas vai ter filme! Elas conversam muito, discutem sobre qual filme vão ver etc. Mas o filme não veio. Não teve jeito, cada uma das professoras pega sua turma e se encaminha para a sala de aula, são 8:10 h. Às 8:30 h, vai começar a aula de Educação Física. Até lá, Natalia distribui brinquedos diversos e coloca sobre as mesas para as crianças escolherem com o que brincar. Ela passeia pela sala e parece não saber bem o que fazer. Pega o caderno de planejamento, lê algumas folhas e guarda. Olha a lista de chamada, abre um armário e começa a arrumar gavetas, deixando que as crianças brinquem sem sua interferência. (*Ibid.*, p. 121)

Todos os professores de educação infantil ou ensino fundamental sabem que transtorno um dia de chuva traz: ficar na sala no momento de ir para o pátio ou para o parque, crianças agitadas, querendo correr e se expandir. Contudo, muitas escolas nem sequer têm parquinho ou pátio, mesmo na rede pública em que se situa a escola pesquisada. Isso parece – repito – tornar mais aguda a vontade calada de sair para um espaço ainda maior, o da praça em volta, imensa, linda, aberta ao centro pulsante da cidade. A distância da instituição em relação à criança fica evidenciada. Há perigo do lado de fora, para as crianças e para os adultos. Mas há perigo do lado de dentro, vale enfatizar: o perigo da mesmice e da falta de coragem de interagir, de falar sobre o medo ou de mudar. Entretanto, como resultado, as crianças – na situação descrita – ainda podem brincar.

"Deixa o banho e faz o chapéu de bombeiro"

Maia (2011) direcionou sua pesquisa ao estudo do currículo em duas escolas de educação infantil de um dos cinco municípios mais populosos do estado. Seu objetivo: compreender por que, ainda hoje, com todas as mudanças ocorridas na educação infantil e diante da produção teórica sobre currículo, creches, pré-escolas e escolas organizam seus currículos em torno de datas comemorativas do calendário civil e religioso. Com a fundamentação teórica baseada em Bakhtin, Vygotsky, Benjamin e Sarmento, a pesquisa analisou resultados do questionário aplicado, documentos de orientação e planejamento da rede e das escolas, fez observação da prática pedagógica e de momentos de planejamento, além de entrevistas com docentes gestores das escolas e da rede (p. 31).

Nas conclusões, a autora ressalta ter encontrado uma concepção de infância vista como fase transitória da educação infantil para o ensino fundamental, socializadora e formadora de hábitos. A organização do currículo em datas comemorativas consta da orientação curricular da rede e do planejamento das escolas. As datas comemorativas compõem o currículo das escolas e têm centralidade neles. São selecionadas por critérios que, de acordo com Maia (*ibid.*), nada têm a ver com a criança. As datas carregam valores e crenças alheias ao grupo social das crianças e de suas famílias. São usadas como motivação para aprendizagens desconectadas e repetitivas, que não agregam conhecimentos nem levam a novas elaborações pela criança, ocupando o espaço de outros conhecimentos que transitam ou poderiam transitar na escola.

Os seis eventos transcritos para este texto são emblemáticos das práticas observadas por Maia. O primeiro traz o momento de uma reunião de planejamento.

Alguém diz: "E o planejamento?". A professora da turma observada responde: "Vanessa está fazendo". Vanessa se mostra surpresa, todas concordam que vão copiar o planejamento dela e brincam que ela nunca se importou. Quem está fazendo diário continua, quem está acabando as lembrancinhas continua, Vanessa planeja. O caderno de Vanessa começa a rodar entre elas. A colega pergunta: "Por que você vai para letra (F) se eu ainda não dei a (D) e a (E)? Vou pular a (D) e a (E)?". E continua copiando o planejamento. A professora da turma observada pergunta por que a colega que está copiando não está cantando o planejamento (para que todas copiem logo). (Ibid., p. 104)

As datas comemorativas são/dão a tônica do currículo, constando como orientação da secretaria de educação do município onde se situam as duas escolas pesquisadas por Maia. Em nenhum momento da pesquisa, nas observações ou entrevistas, foi possível captar uma crítica a esse desenho curricular ou vontade de trabalhar de outro modo: "Outro dia, a colega se dividia entre dar banho e fazer chapéu de bombeiro. Eu disse: 'Deixa o banho e faz o chapéu de bombeiro'" (ibid., p. 112).

[Os conhecimentos sobre a data são apresentados pela professora] O que é mais importante na Páscoa que a gente aprendeu hoje? Jesus! Por quê? Porque ele morreu e nasceu de novo. Não é só chocolate, não. Jesus morreu na cruz para nos salvar e ressuscitou para nos salvar. Significa renovação, vida nova para todos nós, todo dia. Não pode brigar, tem que ser amigos. Vocês querem ganhar ovo de Páscoa, mas não é só pedir. Tem que ser bonzinho para a mamãe. (Ibid.)

A professora foi ao quadro e desenhou uma camisa, explicando enquanto desenhava: "A camisa tem gola, botões e bolso, tem que pôr nome. Agora, vocês vão pintar e escrever aqui atrás: Papai, te amo". A professora escreve atrás de uma camisa e põe em uma mesa como modelo para copiarem. Recomenda: "Escolham uma cor só, não é para papagaiarem, não. Cada criança faz uma camisa branca e uma amarela". (Ibid.)

Bombeiro, Páscoa ou Dia dos Pais, as atividades se sucedem, veiculando conteúdos aligeirados mais do que conhecimentos científicos ou culturais, valores morais com pouca consistência ideológica ou nenhum significado vivencial para as crianças. As datas do calendário civil ou religioso, da maneira como são trabalhadas com as crianças, esvaziam qualquer possibilidade de aprendizado, além de serem frágeis como organização curricular, por expressarem estereótipos, um tempo sem história e uma comemoração sem memória, sem tristeza ou alegria, e não abarcarem lembranças de lutas ou conquistas. Não há reconhecimento da criança como um outro que brinca, chora ou ri, erra e acerta, tem raiva, lamenta ou conta, alegra-se, aprende, pergunta. As crianças – reduzidas a uma visão também estereotipada de alunas – devem apenas copiar e repetir.

Em contrapartida, o trabalho com as datas comemorativas nas duas escolas pesquisadas, é endurecido e agravado pelo modo como as crianças são tratadas, como as professoras falam com elas e como falam delas. As crianças – nas conversas das professoras e nos momentos informais ou em reuniões – são motivo de piada ou escárnio.

> [Na quarta-feira, houve uma troca de horários entre a professora e uma colega. Essa colega comenta na reunião a agitação da turma e a professora diz como resolver]: "Linha amarela, já! Vou fechar o olho e, quando abrir, quero ver todos na linha amarela". As outras professoras comentam que "eles são muito agitados". A professora da turma diz: "São horríveis. Também me deram tudo de ruim, foi o que deu". Eu digo a eles: "A minha esperança com vocês é que, no ano que vem, não vão estar na escola, vão para a alfa". As colegas riem. Ela diz: "É mesmo. Eles vão embora". (*Ibid.*, p. 102)

A pesquisadora se mobiliza e se inquieta com o que ouve ou vê nas relações dos adultos – professoras e funcionárias – com as crianças, em particular em uma das escolas. Há uma rispidez, uma rudeza, um modo de destratar ou maltratar difícil de assistir sem reagir. Eu não conseguiria ficar observando como insisti que Marta observasse. Relendo a dissertação, acho difícil encontrar a positividade que pedi à Marta que encontrasse.

> A caminho do refeitório, a garrafa de Pablo cai no chão. João Paulo pega, mas não entrega. Uma funcionária vê e diz: "O que é isso?".

João Paulo devolve a garrafa. Outra funcionária diz: "Fala com a mãe dele. A mãe dele, se souber, pega ele, não é?". O menino fala algo e a funcionária retruca: "Chega a gaguejar". A professora olha, coloca o dedo em riste e diz: "Eu encho a mãe de bilhete, não é? No ano passado, a que horas saí daqui, por sua causa? Sete horas, lembra? Por causa de seu irmão". A funcionária responde: "Por isso que, quando ele chega aqui às 4 horas, é para entregar logo, porque senão só volta às 7". (*Ibid.*, p. 107)

Uma criança escorrega e a professora diz: "Isso! Da próxima vez, alguém cai de cara no chão. Não, na cadeira, porque aí se machuca e quebra a cadeira, que nem aquela menina que eu falei que tive que levar para o hospital e depois joguei a blusa e uma toalhinha fora por causa de tanto sangue". (*Ibid.*)

Uma hipótese começa a se delinear, agora que releio a dissertação e escrevo este texto: será que o currículo organizado por datas comemorativas é a outra face da moeda de uma concepção de infância que não reconhece que as crianças são sujeitos que pensam, sentem, criam, imaginam e aprendem? Serão as datas comemorativas – que celebram pouco ou quase nada rememoram – resquício ou exemplo do pior tipo de educação bancária, segundo a teoria de Paulo Freire (1982a, 1982b)? Datas sem sentido cultural, repetidas sem liberdade, ensinadas sem tônus ou energia, sem alegria?

"Desce para a linha de baixo, volta pelo mesmo caminho"

De crianças a alunos. Problema visível nas pesquisas comentadas, esse é o tema central de Motta (2013), cujos objetivos são compreender as práticas infantis e escolares quanto às categorias sociais da infância e do aluno, compreender como as crianças vivenciam essas categorias na educação infantil e no ensino fundamental, pesquisar a passagem das crianças para o ensino fundamental, sua escolarização e como elas constroem sua identidade de alunas e o que dizem sobre isso. Essa pesquisa operou em três planos: com Bakhtin e Vygotsky, na concepção de linguagem e de culturas infantis; com Foucault e Certeau, na análise das estratégias de poder e nas táticas de resistência observadas nas práticas e em suas influências na subjetivação dos sujeitos; com Sarmento e Sacristán, no conceito de infância e de cultura escolar, a fim de compreender as relações das crianças entre si e com as práticas escolares. As estratégias metodológicas foram a observação participante, a fotografia, entrevistas com as professoras e análise de fichas da instituição.

Nas conclusões, a pesquisa mostra que as crianças são ativas como grupo social, mesmo submetidas aos constrangimentos do papel de aluno. Ações solidárias, táticas de resistência que se apropriam dos códigos permitidos para reproduzir interpretativamente o que percebem, corpos em movimento, comunicações escondidas dos adultos, tudo isso permite compreender que elas são mais potentes do que a ação disciplinadora permitiria pensar. As crianças aprendem a ser alunas sem deixar de compor um grupo social com características e culturas próprias, com nítida separação entre trabalho e brincadeira como traços distintivos do mundo das crianças e dos alunos.

A pesquisa de Motta mostra as mudanças nas formas de agir dos adultos na turma de pré-escola e na escola. Os eventos registrados da pré-escola evidenciam as ações infantis, sua escuta, a percepção aguda do mundo em que vivem e os sentimentos que expressam:

> Na roda de conversa, Carmen pergunta: "Que dia é hoje?". Richard acerta o 16 e sabe que o seguinte é 17, aniversário do Antônio C. João diz: "Vai ter bolo, pipoca, refrigerante". Carmen responde: "Não sabemos, pois, se a mãe dele estiver sem dinheiro, aí não dá para fazer festa, mas isso não é o mais importante". (*Ibid.*, p. 36)

No primeiro ano do ensino fundamental, quando as ordens da instituição e da professora se fazem ouvir e cumprir, as crianças encontram formas de continuar as interações.

> Júlia e Vanessa começam a brincar de fazer cócegas uma na outra e Júlia finge ter encontrado algo no bolso da jaqueta da colega. Catarina

e Carolina formam outra dupla. Júlia e Vanessa fingem mascar chicletes e Júlia oferece: "Quer, Catarina?". Carolina, não caindo no truque, responde: "Eu sei que vocês estão mordendo a língua". A dupla se afasta. Júlia, Vanessa e Yasmin ficaram brincando de mascar chiclete e um carrinho passou a representá-lo. O jogo era colocar o carrinho na mão da amiga, fazendo de conta que estava dando chiclete. Júlia insiste em reintroduzir Thalita, que estava chateada, na brincadeira, puxa sua mão e diz: "Abre a mão, é chiclete". Thalita recusa, mas já está com uma carinha mais satisfeita. Carolina, não querendo admitir que ela e Catarina perdiam alguma coisa, insistiu: "Isso aí é carrinho, que eu sei!". De repente, ouvimos a ordem em forma de música: "Arrumar a salinha...". E imediatamente as crianças responderam em coro: "... para fazer a rodinha!". (Ibid., p. 120)

Caio cutucou William, que cutucou André, para passar a mochila para ele; isso foi feito escondido da professora. (...) as crianças agora quando desejam falar com outra criança que não esteja na fila seguinte, já não chamam alto, mas pedem para a criança que está entre elas para chamá-la. Estar na fila também é espaço-tempo de interação. (Ibid., p. 124)

As atividades de transmissão de conteúdo se tornam, como observa a pesquisadora, mais e mais frequentes. A alfabetização passa a ocupar grande parte do tempo e a interferência da professora, ainda que com carinho e incentivo às crianças, conduz a ação. A leitura e a escrita, mais do que aprendizado social e formação cultural, são concebidos e exercitados como treinamento motor das mãos, olhos e ouvidos, reiterando uma concepção há muito superada no âmbito teórico, mas presente na prática escolar.

A tarefa consistia em riscar no papel as letras *a* e circular as letras *e*. Lídia cantava uma música para distinguir os sons do "e", referindo-se aos sons ê e é; pensei logo no som de i, que nem foi citado. Durante a atividade, a professora incentivava, elogiava e consertava com as crianças o que estava incorreto. Em vários casos, fazia junto, segurando a mão da criança. Júlia parecia ter dificuldades de fazer a tarefa, conversava, levantava. Fazia cara de exausta. Júlia tentou outra estratégia; ela riscava todas as letras e ia mostrar para a professora, que a corrigia: "Não, essa é a letra t...". Com esse movimento, Júlia observava o dever dos colegas que tinham terminado e que estavam sendo colados em seus cadernos. (*Ibid.*, p. 143)

Lídia passou a tarefa "em aula". Ela consistia em escrever palavras com p e t – tapete, pião, papai, pipa, tatu – e, no outro exercício, as crianças deviam desenhar as palavras escritas. Por fim, havia um trabalho de separar sílabas. Lídia começou a andar pelas carteiras, ajudando as crianças individualmente. A professora ajudava Paulo a escrever a letra "p": "Desce para a linha de baixo, volta pelo mesmo caminho...". Lucas recebeu um elogio da Lídia: "Por que apagou? Estava bonito!". Mariana acabou o dever. Liliane abriu um caderno embaixo da mesa e "colava" as palavras que não sabia. As crianças faziam fila para a professora corrigir a tarefa. (*Ibid.*, pp. 138-139)

A passagem de ano e o ingresso das crianças no ensino fundamental não eram o objetivo inicial da investigação, mas mobilizaram a pesquisadora e transformaram as questões, os estudos, as pessoas. A escolarização se impôs e a pesquisa tomou novo rumo: focar na escola, em seus processos e na ação preparatória das crianças para o papel de alunas. As crianças, suas falas e brincadeiras foram observadas, bem como os agentes sociais em seus processos de transição.

A escolarização imposta se apoia em atividades mecânicas e repetitivas, com destaque, como vimos, para as de leitura e escrita. A escola tenta moldar os corpos infantis, conformá-los ao padrão desejado; os exames e as sanções mostram a ação da disciplina em exercício. Porém a ação das crianças como expressão da cultura de pares se revelou permanente, mesmo quando se esperava que cumprissem o papel de alunas. As crianças não são passivas: elas reagem e recriam os elementos que lhes são oferecidos com suas táticas de resistência. Essa é uma das principais conclusões de Motta (2013).

Considerações

O argumento central deste capítulo é a indiferença dos adultos em relação às crianças. Indiferença à condição de crianças. Com frequência, os adultos estão mais voltados, nas pré-escolas e escolas pesquisadas, à transmissão mecânica de conteúdos e habilidades, à ocupação passiva do tempo e à permanência no espaço escolar, prestando pouca atenção ao que está ao redor, fora. As práticas observadas – descoladas do contexto e da riqueza de recursos disponíveis – oferecem escassas oportunidades de produção cultural, exploração, imaginação e construção de conhecimentos, mesmo em instituições que têm condições para fazer diferente, seja pela presença de acervos de brinquedos e livros literários, seja pela existência de espaços amplos, fora do prédio instalado na área cimentada onde se localizam as salas, o refeitório, os banheiros. Indiferença significa aqui não acolher os interesses, necessidades e expressões de desejo das crianças ou dos próprios adultos que trabalham nas instituições.

Assim, reitero as propostas das cinco autoras nas conclusões de suas pesquisas.

Para Barbosa (2004), repensar a prática requer levar em conta as manifestações da criança e aliar à teoria um olhar sensível, o que é possível com formação que dê ao professor um lugar de sujeito crítico de sua prática. A educação infantil é construída por adultos e crianças e sua qualidade está vinculada a "elos de coletividade" (p. 105) que favoreçam a experiência do sujeito adulto e da criança. A escola por ela estudada – cercada de vida e arte por todos os lados – se reduz a trabalhar no espaço construído e fechado do prédio.

Mello (2008) pesquisou o que as crianças e os adultos dizem sobre ser criança e adulto; sobre os signos (informações) da educação infantil, os signos (conhecimentos) explícitos no cenário da escola; sobre ser adulto e professor na educação infantil; e sobre os tipos de mediação dos adultos com as crianças pequenas. As mediações observadas pelos professores podem ser caracterizadas como mediação do tipo instrutiva (siga o modelo), informativa, desafiadora e organizadora. Em que pesem as ações das crianças, o que a pesquisadora observou na pré-escola foi a escolarização e a instrução.

Segundo Freire (2008), os contextos em que vivem as crianças mudaram significativamente nos últimos anos, à medida que fatores sociais e culturais modificaram formas de viver e se relacionar com o mundo. Uma nova noção de experiência aponta para a ideia de que hoje os alunos não constroem conhecimentos apenas com base na aprendizagem escolar, nos papéis propostos pela escola, mas também em suas outras experiências, escolares ou não. Os espaços do patrimônio cultural e natural presentes no entorno da escola pesquisada, porém, estão ausentes do trabalho pedagógico.

Maia (2011) investiga duas pré-escolas públicas e constata o esvaziamento da história e da dimensão social nas práticas impregnadas de datas comemorativas que caracterizam o currículo das escolas. Nelas, às crianças são oferecidas poucas oportunidades de criar, brincar, expandir seus movimentos, seus saberes e sua linguagem. O cotidiano é marcado pela reiteração de fatos e atos com frequência desprovidos de significado para as crianças e mesmo para os adultos que com elas trabalham, apesar de sua dedicação e atenção.

Motta (2013) acompanhou crianças na educação infantil e no primeiro ano do ensino fundamental, passando de ano junto com elas. Em sua pesquisa, discute a possibilidade de diálogo entre esses dois segmentos da educação básica, traz questões para outras pesquisas e subsídios para a ação de professores, gestores e instâncias políticas. Nas conclusões, propõe trabalhar a transição entre a educação infantil e o ensino fundamental como continuidade, considerar as crianças – nos dois segmentos – em sua dimensão infantil, valorizar os conhecimentos espontâneos e os científicos na construção das funções mentais superiores, ver o corpo e o movimento sem dicotomias entre pensamento e movimento, colocar em destaque o lugar da formação permanente das professoras, no sentido de alcançar uma ação mais reflexiva na prática pedagógica.

Tomando a pesquisa de Motta e suas conclusões como emblemáticas neste texto, ouso dizer que, na pré-escola e na escola, as crianças são tratadas como alunas, assim, as instituições perdem seu imenso potencial de expandir o que as crianças sabem, sentem e podem fazer. Sem desconsiderar o papel da escola de garantir os conhecimentos, reafirmo que essa garantia não será assegurada se os sujeitos do processo – crianças e adultos, alunos e professores – não puderem exercer aquilo que nos faz humanos e nos move como tais: nossa capacidade de brincar, rir, sentir, cantar, dançar, interpretar e reinterpretar o mundo.

Terão as professoras esquecido como brincar? Terão esquecido como rir e ser criança, ou nunca souberam? Muitas certamente nunca brincaram, mas, em nenhum momento, cantam, dançam, tocam, jogam? Simplesmente reproduzem uma prática docente sisuda, austera, rígida porque consideram que assim é que se é professor? Entendendo a brincadeira como experiência de cultura que se abre ao teatro, à leitura literária, ao jogo, à música, à dança, reafirmo o que já ressaltei anteriormente (Kramer 1993; 2005; 2009): ser professor(a), com responsabilidade e responsividade (Buber 1974; Bakhtin 2010), com alegria e esforço de criação e invenção é uma atividade vinculada à formação científica e, sobretudo, à formação cultural, que significa a ampliação da própria formação humana em que conhecimento, arte e vida estão profundamente interligados.

Não por acaso, antes de publicar *A insustentável leveza do ser*, Milan Kundera escreveu, em 1967, *A brincadeira* e, em 1978, *O livro do riso e do esquecimento*. Esses livros me ensinam e fazem sentir que, para estar com as crianças, é preciso ousar, criar, ou seja, é preciso ser humano, garantindo a necessária leveza que as práticas realizadas na pré-escola e na escola precisam ter.

3
AVALIAÇÃO NA EDUCAÇÃO INFANTIL: NO AVESSO DA COSTURA, PONTOS A CONTAR, REFLETIR E AGIR[1]

Nas duas últimas décadas, a educação brasileira tem sido alvo e motivo de políticas públicas em todas as áreas, níveis e instâncias administrativas. Depois do compromisso com os direitos das crianças até os seis anos, uma intensa produção de políticas públicas, documentos norteadores e material com orientações visou favorecer e viabilizar a democratização da educação infantil em creches, pré-escolas e escolas. A expressiva maioria desses documentos – elaborados pelo governo federal e por governos estaduais e municipais – tem buscado garantir, no discurso das políticas e ações implementadas, a linguagem e a brincadeira como centrais na educação das crianças, com vistas à formação humana, crítica e criativa.

As discussões sobre currículo e elaboração de propostas pedagógicas voltadas para as populações infantis enfrentam, contudo, como um

---

[1]. Texto originalmente publicado na revista *Interacções*, v. 10, pp. 5-26, em 2014.

dos seus maiores desafios, a garantia da qualidade do trabalho. Nesse contexto, são muitas as dificuldades relativas à avaliação das práticas educativas, no que se refere tanto às concepções de avaliação, quanto aos instrumentos e procedimentos delineados para sua concretização.

Este capítulo tem como objetivo discutir a avaliação na educação infantil. Para tanto, organiza a análise em quatro itens. O primeiro, baseado em um olhar teórico, apresenta as concepções de infância, educação infantil e avaliação presentes nos documentos oficiais vigentes no Brasil. O segundo, de um ponto de vista pedagógico, aponta os desafios observados nas práticas e nos dilemas que mobilizam as instituições de educação infantil e seus profissionais na escolha de estratégias de avaliação. O terceiro, com um olhar nas políticas, indaga por que muitas conquistas não acontecem na prática. O quarto traz, de outro ponto de vista pedagógico, no avesso da costura, relatos de professoras e gestoras de educação infantil e suas práticas positivas de avaliação nas instituições em que atuam, que respondem e oferecem alternativas concretas aos desafios e dilemas discutidos. As conclusões sistematizam o que as teorias, as práticas, as políticas e os relatos nos ensinam sobre avaliação.

Refletindo, analisando e escutando, pretendemos mostrar, além dos pontos dados, os nós e desalinhavos das estratégias de avaliação que julgam ou classificam as crianças e que se articulam em projetos que têm certezas e condutas voltadas para índices, *rankings* e fins pouco éticos. A que deve servir a avaliação e a que e a quem ela está muitas vezes servindo, ou sendo servil? Essas questões orientam as análises, as reflexões e os relatos aqui apresentados, em busca de alternativas positivas e proposições.

Com um olhar teórico: Pressupostos da educação infantil e da avaliação

A análise da avaliação na educação infantil exige uma discussão conceitual: como estão sendo concebidas a infância, as crianças e a avaliação? O que, em geral, se avalia e para quê? Quem é avaliado? Quais as consequências da avaliação?

As conquistas da educação infantil no Brasil, em sua história recente, têm se pautado em uma concepção de crianças como pessoas que produzem cultura e são nela produzidas, que brincam, aprendem, sentem, criam, crescem e mudam ao longo do processo histórico que constitui a vida humana. Essa visão assume que as crianças são marcadas por classe social, etnia, gênero, diferenças psicológicas, físicas e culturais. Brincando, elas estabelecem uma relação crítica com a tradição:

(...) sentem-se irresistivelmente atraídas pelos detritos que se originam da construção. (...) Nesses produtos residuais elas reconhecem o rosto que o mundo das coisas volta exatamente para elas, e somente para elas. Neles, estão menos empenhadas em reproduzir as obras dos adultos do que em estabelecer uma relação nova e incoerente entre esses restos e materiais residuais. Com isso, as crianças formam o seu mundo de coisas, um pequeno mundo inserido no grande. (Benjamin 2002, pp. 57-58)

Ao mesmo tempo, as crianças constroem "uma história pessoal no interior da história social" (Pino 2005, p. 158) e, nas interações sociais, afeto e cognição interatuam: as crianças aprendem, formam-se, transformam, participam e intervêm na realidade, reelaboram o mundo. Aos adultos, cabe mediar tais processos em que o papel do outro é central na constituição do eu, no desenvolvimento e no aprendizado ao longo da vida, uma subjetividade necessariamente dialógica (Kramer e Motta 2010). Desde bem pequenas, as crianças criam, imaginam, expressam desejos e emoções (Vygotsky 2009). Além disso, é dupla sua inserção na sociedade: como geração e como sujeito histórico e social. Como geração, as crianças pertencem à mesma faixa etária e são influenciadas pelos contextos em que estão inseridas. Como sujeitos sociais específicos, vivem processos de subjetivação e, nas interações com adultos e com seus pares, recriam as culturas (Sarmento e Gouvea 2008).

Essa concepção – que resulta de estudos teóricos, de pesquisas e do discurso de movimentos sociais – foi incorporada pelas políticas públicas. Segundo a legislação brasileira (Brasil 1990), as crianças têm direito à atenção

(...) proteção, à vida e à saúde, mediante a efetivação de políticas públicas que permitam o nascimento e o desenvolvimento sadio e harmonioso, em condições dignas de existência. (p. 9)

Têm direito à liberdade, ao respeito e à dignidade como pessoas humanas em processo de desenvolvimento e como sujeitos de direitos civis, humanos e sociais garantidos na Constituição e nas leis. (p. 11)

É inadmissível a negligência ou qualquer tipo de violência física ou simbólica contra crianças. Além disso, no Brasil, crianças de todas as raças/etnias, religiões, classes sociais, origens, locais de moradia e gêneros têm direito à educação infantil de qualidade, que amplie seu desenvolvimento, seu universo cultural, seus conhecimentos, sua subjetividade e sua autoestima. As práticas educativas, em todos os tipos de instituições, devem favorecer as trocas e interações, respeitar e acolher as crianças em suas diferenças e deficiências. De acordo com os documentos oficiais que orientam as políticas públicas, nas creches, pré-escolas e escolas, os saberes da experiência fruto da sua vivência precisam se combinar com conhecimentos relativos à natureza, à produção e ao patrimônio cultural, com vistas à formação humana. As instituições e os adultos devem favorecer a brincadeira, que é experiência de cultura e forma privilegiada de expressão da criança (Brasil 2010, 2013).

É fundamental, pois, acolher as crianças em suas diferenças, encorajar suas descobertas, escutar (mesmo que ainda não falem) suas inquietações e seus desejos, apoiá-las nos desafios que enfrentam, reconhecer que são sujeitos, favorecer que tenham autoestima e confiem em suas próprias possibilidades de aprender e crescer.

Tal concepção de infância e de educação infantil deveria nortear a avaliação que se pretende implementar. Tratemos, então, de avaliação.

Parte importante do currículo – nas suas mais diversas alternativas e desenhos –, a avaliação visa obter dados ou informações para subsidiar as práticas, favorecer a escolha de estratégias pedagógicas adequadas ou redirecioná-las e – em todas as etapas do crescimento humano – conhecer as crianças. Afirmar que professores(as) e gestores(as), jovens ou adultos que trabalhem na educação infantil precisam conhecer as crianças significa que precisam identificar e compreender seu momento de desenvolvimento cognitivo e afetivo, seus valores, seus contextos sociais e culturais, suas ações cotidianas, seus interesses, suas necessidades e dificuldades, seus conceitos e preconceitos adquiridos no processo de socialização na família, na igreja ou nas instituições educacionais as mais diversas que frequentam ou já frequentaram.

Conhecer o que as crianças fazem, sabem, gostam (ou não), procuram e inventam é requisito para que se possa – com condições concretas – pensar, formular, alterar e ajustar o currículo, rever atividades e projetos, reorganizar o espaço e redimensionar o tempo no planejamento diário e na orientação das práticas, propiciar interações e delinear os modos de gestão.

Contudo, a avaliação nem sempre tem servido para essas formas de atuação. A escola brasileira – historicamente considerada e praticada como símbolo de classe (Romanelli 1978) – tem grandes dificuldades de lidar com as diferenças, vendo-as como obstáculo e não como riqueza (Kramer 1981). Com frequência, a avaliação tem sido usada para classificar, ranquear, predizer, rotular, prognosticar, segregar, discriminar, sendo instrumento de controle, poder, limitação, tentativa de homogeneização e eliminação. Nos níveis mais altos da escolaridade, é a avaliação que determina o currículo: por exemplo, os tipos, as formas e os conteúdos ou processos priorizados nos exames para ingresso na universidade influem e conformam não somente conteúdos e práticas definidos nos currículos dos ensinos fundamental e médio como também livros didáticos e material escolar.

Formulada por princípios da sociedade moderna e racional, orientada pela razão instrumental, sustentada pela burocracia estatal e pela produção em série, a avaliação vem se tornando cada vez mais foco do Estado, em suas diversas instâncias; uma forma de controle social e escolar. A presença do governo federal no delineamento de um sistema de informações educacionais para diagnosticar a qualidade da educação no Brasil incentivou a realização de pesquisas sobre a qualidade da educação. Com um sistema nacional, a avaliação passou a ser ação complexa, com variáveis intra e extraescolares. Muitos sistemas municipais e estaduais têm implantado, nos últimos anos, mecanismos de avaliação orientados pela meritocracia – visível, por exemplo, nas estratégias de premiação de professores e escolas – e por uma ênfase em conteúdos e habilidades.

Essa não é a tendência da educação infantil: de acordo com a LDB (Brasil 1996), o acompanhamento e a avaliação não devem ter caráter classificatório, de seleção, promoção ou retenção; seu objetivo *não é* comparar crianças. Vários documentos oficiais corroboram essa visão.

Nos referenciais curriculares nacionais para a educação infantil (Brasil 1998), a avaliação é entendida como conjunto de ações que auxiliam o professor a refletir sobre as condições de aprendizagem oferecidas e ajustar sua prática às necessidades das crianças. Elemento indissociável do processo educativo, a avaliação possibilita ao professor definir critérios para planejar atividades e criar situações que gerem avanços na aprendizagem das crianças, com a função de acompanhar, orientar, regular e redirecionar esse processo como um todo (*ibid.*, p. 59).

Assim, as políticas de educação infantil priorizam a melhoria da qualidade do trabalho. A expansão do atendimento é uma conquista, mas as pesquisas evidenciam a baixa qualidade: creches e pré-escolas com prédios adaptados e inadequados, falta de brinquedos e livros literários; ausência de projeto político-pedagógico; precária qualificação dos profissionais que atuam com as crianças (Campos, Füllgraf e Wiggers 2006). Segundo essas autoras, a defesa do respeito aos direitos das crianças possibilitou mostrar a legisladores e administradores a importância de garantir um patamar mínimo de qualidade para creches e pré-escolas.

Os *Parâmetros Nacionais de Qualidade para a Educação Infantil* (Brasil 2006a) trazem fundamentos para monitorar a qualidade na educação infantil, estabelecem padrões para o sistema educacional, para a organização e o funcionamento das instituições de educação infantil, se propondo a delimitar parâmetros amplos, incluindo diferenças regionais.

Os *Indicadores de Qualidade na Educação Infantil* (Brasil 2009a) visam apoiar profissionais de educação infantil a participar de autoavaliação, a fim de verificar a qualidade de creches e pré-escolas. O material se propõe a ser usado por instituições de educação infantil por adesão, seus resultados não devem servir à comparação. Com base nos pontos fortes e fracos identificados, as instituições podem intervir e aprimorar a qualidade, definir prioridades e estratégias e redirecionar o trabalho pedagógico.

Também o *Plano Nacional de Educação* (Brasil 2001) determina que os municípios tenham um sistema de acompanhamento, controle e supervisão da educação infantil, visando ao apoio técnico-pedagógico, à melhoria da qualidade, à garantia de cumprimento dos padrões mínimos definidos pelas diretrizes nacionais e estaduais e pelos parâmetros de qualidade dos serviços de educação infantil.

Vale enfatizar ainda que as *Diretrizes Curriculares Nacionais para a Educação Infantil* (Brasil 2010) explicitam uma proposta de avaliação coerente com as concepções de infância e educação infantil das pesquisas e dos textos das políticas. De acordo com esse documento:

> (...) as instituições de Educação Infantil devem criar procedimentos para acompanhamento do trabalho pedagógico e para avaliação do desenvolvimento das crianças, sem objetivo de seleção, promoção ou classificação, garantindo: a observação crítica e criativa das atividades, das brincadeiras e interações das crianças no cotidiano; utilização de múltiplos registros realizados por adultos e crianças (relatórios, fotografias, desenhos, álbuns etc.); a continuidade dos processos de aprendizagens por meio da criação de estratégias adequadas aos diferentes momentos de transição vividos pela criança (transição casa/instituição de Educação Infantil, transições no interior da instituição, transição creche/pré-escola e transição pré-escola/Ensino Fundamental); documentação específica que permita às famílias conhecer o trabalho da instituição junto às crianças e os processos de desenvolvimento e aprendizagem da criança na Educação Infantil; a não retenção das crianças na Educação Infantil. (*Ibid.*, p. 28)

Isso significa que a avaliação na educação infantil – segundo os documentos oficiais – deve tomar como referências as especificidades dessa etapa da educação básica e romper com a lógica que impregna o currículo da educação com fragmentação dos conhecimentos em campos disciplinares distintos. Como afirma Micarello (2010), avaliar não é apenas medir e comparar, é importante social e politicamente para o fazer educativo e o papel de oferecer subsídios a ações futuras.

Vejamos agora alguns desafios encontrados nas práticas.

De um ponto de vista pedagógico: Desafios e dilemas

Em seu cotidiano, profissionais de creches, pré-escolas, escolas ou redes públicas ou particulares se deparam com diferentes modelos de avaliação. Como acompanhar as crianças, seu processo de crescimento, sua aprendizagem? Que tipo de instrumento formular e oferecer às famílias? Essas e outras questões ocupam professores e gestores que, seguindo a orientação curricular das propostas pedagógicas de suas instituições, optam por: 1) avaliar as crianças, identificando habilidades e conhecimentos adquiridos, que são comparados com o que foi definido que deveriam aprender; 2) registrar os avanços, indicando o processo das crianças e os progressos que alcançaram em um determinado período; 3) descrever as atividades realizadas e registrar as ações e produções infantis, individuais ou coletivas; 4) descrever e avaliar a evolução das crianças quanto a personalidade ou caráter, indicando sua maior ou menor participação, colaboração e expressão; 5) combinar essas diferentes ênfases ou modelos de avaliação.

Subjaz a cada uma dessas decisões uma concepção de currículo, de criança e de avaliação. Cada uma toma como base ora conhecimentos e habilidades, ora afetos e valores, estágios de desenvolvimento, produções infantis, ora uma nem sempre coerente ou fácil combinação desses aspectos. Em contrapartida, varia também o gênero discursivo do documento de avaliação (descritivo, analítico ou narrativo) e o tipo de instrumento utilizado. Em algumas instituições ou redes de ensino, há formulários ou fichas em que se assinalam as aprendizagens e/ou conquistas das crianças; em outras (cada vez mais raras), há relatórios narrativos e apreciativos, elaborados pelos professores. Os profissionais das instituições ou redes decidem também quanto à periodicidade dos relatórios, se mensais, bimestrais ou semestrais.

Vale comentar as formas de elaboração dos relatórios ou instrumentos de avaliação, a quem eles se dirigem e são encaminhados. Os relatórios de avaliação são feitos pelos professores e, a depender do modo de gestão de cada instituição, são lidos e revistos por coordenadores ou supervisores pedagógicos. Do ponto de vista legal, a avaliação das crianças é tema e objeto de conselhos de classe, cujas datas de realização devem ser definidas no calendário escolar de uma rede ou instituição. Cada conselho deveria contar com a presença de pais e alunos representantes, o que com grande frequência não acontece.

Além disso, ainda que os destinatários do relatório sejam os pais ou responsáveis, em muitas redes públicas, os professores não entregam, apenas mostram os relatórios a eles, que dão um "visto". Não recebem uma cópia para levar para casa. Esse tipo de controle da avaliação revela a fragilidade ou a força, a distância ou a proximidade instituída nas relações entre os profissionais da creche, pré-escola ou escola e as famílias. O motivo e a motivação dessa forma precária e pouco partilhada de avaliação das crianças, mesmo muito pequenas, resulta de uma postura burocratizada das instituições, que assim se conduzem a fim de evitar críticas dos pais aos professores (acusados de não conhecerem as crianças, escreverem com erros de português ou evidenciarem falta de atenção) e mesmo denúncias, ações e processos na justiça ou nos conselhos tutelares contra profissionais e contra a própria instituição. Conflitos étnicos, religiosos e de autoridade são comuns nesses casos, que revelam também problemas éticos, falta de uma ação responsável por parte das instituições e negligência das famílias que – questionadas pelas escolas – passam a acusá-las, utilizando-se dos relatórios. O medo, a judicialização e o embate de poder ocupam, como consequência, o lugar da ação educativa que deveria orientar a avaliação.

Como analisa Castro e Souza (2014, p. 5), políticas de avaliação são com frequência usadas "como instrumento de culpabilização docente". A autora aponta o exagero de avaliações, a inflação de resultados que "sentenciam escolas, professores e alunos" (*ibid.*). Considera a avaliação um "ato de cidadania que precisa ser realizado com ética, comprometida com o processo, e não apenas com o produto" (*ibid.*). Fatores econômicos e sociais devem ser considerados na direção de "um processo dialógico e participativo que possa trazer compreensão e novos caminhos para a educação. (...) A avaliação tem um caráter formativo e pode permitir a produção de novos saberes sobre a prática" (*ibid.*). Essa reflexão ajuda a compreender por que muitas conquistas das políticas não se concretizam na prática educacional.

Com o olhar nas políticas: Por que as conquistas não acontecem na prática?

Várias pesquisas indicam que avanços teóricos e conquistas das políticas – presentes pelo menos nos últimos 20 anos na documentação oficial e na legislação brasileira – não são implementados, não afetam nem mudam as práticas, os procedimentos e os modos de ver as crianças, a educação infantil e a avaliação (Campos, Füllgraf e Wiggers 2006; Campos et al. 2011; Kramer 2009). A qualidade precária do trabalho pedagógico realizado nas creches, pré-escolas e escolas é um problema grave para as políticas no Brasil. Quais são as possíveis causas dessa situação? Por que os resultados de pesquisas, as conquistas de movimentos sociais e as mudanças nos documentos de políticas públicas não influenciam as práticas? Diferentemente de outros países – Itália, Espanha, Portugal –, as relações entre a produção acadêmica e as políticas públicas são difíceis no Brasil, mesmo em outros segmentos escolares (Kramer 1993). Cinco aspectos podem ajudar a compreender essa defasagem.

Em primeiro lugar, cabe ressaltar que estamos tratando aqui de relações entre a esfera federal e as políticas municipais. As mudanças nas políticas públicas federais esbarram em condições de trabalho pouco favoráveis no que diz respeito a salários, planos de carreira e número de crianças por turma nas escolas, pré-escolas e creches municipais, já que tais aspectos são definidos por cada município.

Em segundo lugar, a educação infantil é responsabilidade das políticas municipais e, ainda que a legislação federal deva ser respeitada, a interferência de políticos locais nas decisões faz com que muitos gestores (administradores, diretores, supervisores) sejam nomeados sem concurso público, com pouca ou nenhuma formação na área. Também os critérios exigidos em concursos públicos para professores são decisão municipal: os municípios em que os estudos de caso analisados neste livro foram realizados não exigem que os professores tenham ensino superior, embora esse seja um requisito na legislação federal.

Um terceiro aspecto a ser considerado diz respeito à formação de professores. Trata-se aqui de uma questão de natureza sociológica e antropológica. Os projetos de formação de professores existem no Brasil, não são poucos, mas precisam atuar no sentido de superar a precária formação científica e cultural dos professores, historicamente determinada: os próprios professores são formados por uma escola que, há pelo menos três décadas, vem buscando melhorar sua qualidade. Formar os formadores é a questão central que se coloca no sentido de reverter a defasagem entre as mudanças nas políticas e as dificuldades de mudança nas práticas.

O quarto aspecto diz respeito ao modelo de avaliação. Para Castro e Souza (2014), é importante a avaliação de contexto, a abordagem reflexiva e dialógica, que, de acordo com Bondioli e Savio (2013), leva em conta o lugar social, o espaço de aprendizagem articulado com um contexto. A qualidade do trabalho com as crianças é, nessa proposta, determinada em processos democráticos, com a presença de outros participantes. Bondioli e Savio (2013) diferenciam a avaliação de desempenhos individuais (crianças, professores) – em geral, externa e, com frequência, incorrendo em comparação, fixação de taxas, classificação – da avaliação de instituições, serviços, programas, projetos, currículos e materiais. A avaliação educativa, cujo objeto é a qualidade de um serviço educativo, difere da avaliação de aprendizagem dos que usufruem do serviço. A avaliação do contexto educacional tem caráter formativo e permite problematizar a avaliação da aprendizagem, ao cotejar objetivos educacionais alcançados pelas crianças com a qualidade das condições e da formação que recebem, do contexto de relações e aprendizagem oferecidos, dimensionando o impacto da experiência educacional sobre educandos (*ibid.*, p. 15).

O quinto aspecto, não menos importante, leva em conta o modelo de escola e de ensino que tem predominado no Brasil, onde a instrução *stricto sensu* e o uso de materiais didáticos se sobrepõe ao patrimônio natural, cultural e artístico. Esse aspecto reforça a necessidade de que a formação de professores e gestores seja desenvolvida como formação científica e cultural em direção à emancipação, à reflexão e à autonomia. É urgente formar professores e gestores que atuem para que a educação infantil alcance seus objetivos de socialização das crianças, ampliação do seu mundo cultural e social, convidando-as a brincar e a expandir sua linguagem e outras formas de expressão, a aprender com alegria. Isso exige, dos adultos, solidariedade e respeito aos direitos das crianças, como atores sociais e culturais que são.

Todas as crianças têm o direito de criar, de se expressar em ações e movimentos, de serem curiosas, aprenderem, ampliarem seu universo cultural e sua diversidade sociocultural com acolhimento e reconhecimento das suas diferenças. É fundamental o agir ético dos adultos, com responsabilidade, autonomia e cooperação. Em nenhuma circunstância podem ser aceitas humilhações ou preconceitos. O currículo da educação infantil deve assegurar a formação cultural e científica, contribuir para a experiência das crianças e para a sua aprendizagem e tomar – na avaliação – a própria criança como referência, sua especificidade, seus interesses e sua curiosidade.

A linguagem e a brincadeira são o centro do currículo da educação infantil. A linguagem favorece a narrativa de histórias vividas e a brincadeira é experiência de cultura, forma privilegiada de expressão da criança, que acontece em situações espontâneas e planejadas, com ou sem a intervenção dos adultos. Nesse sentido, a educação infantil e a formação de profissionais têm em comum a necessidade de expansão de experiências estéticas com a música, as artes plásticas, o cinema, a fotografia, a dança, o teatro, a literatura, seus vários gêneros e suportes.

Uma avaliação responsável deve considerar esses objetivos, dimensionar as condições e as ações concretas necessárias para a sua implantação no cotidiano das instituições.

Escutar professoras(es) e as alternativas positivas que encontram ou criam evidencia que há outras formas de olhar para a questão e mudar na prática.

De outro ponto de vista pedagógico: Professoras e gestoras recriam a avaliação

Entrevistar profissionais de educação infantil forneceu interessante material para análise do tema, além de respostas positivas e proposições para enfrentar os problemas. A experiência narrada, o aprendizado pessoal e profissional, aliados à reflexão crítica e fundamentada podem trazer contribuições significativas, nesse caso, para a avaliação de crianças na educação infantil. Com esse foco, quatro profissionais foram convidadas a escrever relatos sobre sua experiência prática e as questões enfrentadas nas escolas em que trabalham. Foram escolhidas pelo critério de familiaridade, por conhecimento prévio de sua prática docente e por aliarem essa prática a um processo de formação que valoriza o estudo, a pesquisa e a reflexão.

Este item traz os relatos que foram escritos por essas quatro professoras, que trabalham em redes públicas de diferentes municípios, também como gestoras. A professora mais jovem tem três anos de experiência no magistério e a mais experiente, vinte e oito anos. Todas têm graduação em pedagogia e pós-graduação em educação. Duas eram mestrandas e duas doutorandas de programas de educação no momento em que escreveram os relatos.

Os depoimentos das quatro profissionais trazem sensíveis e relevantes contribuições para a avaliação de crianças na educação infantil, tanto pelas práticas e pelos procedimentos descritos, quanto por suas reflexões e problematização.

No momento em que escreveu seu relato, Ricci terminara a graduação em pedagogia havia três anos e tinha três anos de atuação no magistério na educação infantil, um ano na rede particular e dois na municipal.

No relato, Ricci (2014) apresenta o processo de avaliação da escola em que trabalha, feito por meio de relatórios bimestrais. Segundo recomendação da secretaria de educação, a forma de escrita do relatório deve ser alternada a cada bimestre. No primeiro relatório individual, as professoras escrevem especificamente sobre cada uma das crianças da turma. No segundo bimestre, um relatório geral descreve quais foram as atividades realizadas pela turma e a avalia de maneira geral. No terceiro bimestre, o relatório é novamente individual; no quarto, geral da turma. Os relatórios são mostrados aos responsáveis em reuniões bimestrais, de acordo com o calendário oficial, e as professoras têm a oportunidade de conversar com as famílias sobre o desenvolvimento das crianças e o projeto da escola.

Ricci prefere não alternar o estilo de escrita dos relatórios (o que parece bastante acertado e sensato). Em todos os relatórios bimestrais, ela contextualiza o que foi trabalhado com a turma e, depois, escreve sobre a criança: como se desenvolveu naquele bimestre, do que mais gostou, seus maiores desafios e conquistas, procurando sempre trazer exemplos de falas das crianças que considera interessantes. Segundo a professora, essa é a melhor forma de avaliar as crianças na educação infantil, porque os relatórios historicizam os caminhos que cada uma delas e cada professor percorreu ao longo do ano, possibilitando a reflexão sobre a prática.

A professora comenta ainda que uma das dificuldades desse tipo de avaliação é não transformar o processo de escrita dos relatórios em algo mecânico, tendo em vista o número de crianças em cada turma. Na sua escola, são 25 por turma e, como a professora enfatiza, escrever um relatório para cada uma delas não é tarefa fácil. É ainda mais complicado para o professor que trabalha o dia inteiro e atua em duas turmas (já que, no município em que ela trabalha, a pré-escola funciona em horário parcial). É necessário escrever 50 relatórios por bimestre. Como dar conta de observar tantas crianças? Como dar conta de sua individualidade?

Castro é graduada há nove anos em pedagogia, tem onze anos de magistério e trabalha há seis como gestora em cargos de orientação/ coordenação pedagógica. Professora de educação infantil em um município e coordenadora de pré-escola em outro, para Castro (2014), a avaliação na educação infantil se destina a obter informações e subsídios capazes de favorecer o desenvolvimento das crianças e a ampliação de seus conhecimentos.

O processo de avaliação das crianças acontece continuamente, segundo conta, com a observação constante de professores/as. São usadas estratégias pontuais, como o "caderno reflexivo" para registro de informações, conquistas, acontecimentos de cada criança, o que facilita e enriquece a elaboração do relatório bimestral a que as famílias têm acesso. Outra estratégia é o registro do professor sobre o vivido na folha do planejamento semanal; importante, segundo a professora, por refletir como estava a turma naquela semana e sobre as atividades que deram certo ou não.

As crianças são provocadas a avaliar o cotidiano e o desenvolvimento do grupo. Na roda de conversa diária, ao final da manhã ou da tarde, os educadores conversam com as turmas sobre como foi o dia, do que as crianças mais (ou menos) gostaram, o que gostariam de ter feito. Algumas vezes, há registro escrito da conversa.

Na avaliação e no acompanhamento da criança, o desafio é afastar o risco de comparar, classificar e rotular de forma restrita e descontextualizada, o que empobreceria o trabalho dos profissionais, pois os resultados não teriam importância para reorientar as ações dos professores e obter êxito no trabalho com as crianças.

Pelo menos uma vez por mês, segundo relata Castro, os(as) professores(as) têm um momento de orientação com a coordenadora pedagógica da escola. Nesse espaço de diálogo, mostram seus planejamentos, conversam sobre as crianças com base na avaliação que fizeram da turma no período e, em seguida, pensam em caminhos e estratégias para aprimorar o trabalho.

Os conselhos de classe também são um espaço privilegiado para avaliação das turmas. Neles, cada professor(a) tem a oportunidade de contar o trabalho realizado com a sua turma, e o que foi vivido no bimestre pode ser compartilhado, com troca de experiências entre profissionais e tomada conjunta de decisões.

As reuniões para entrega dos relatórios das crianças aos pais ou responsáveis seguem o calendário oficial da secretaria, uma vez a cada dois meses. Nessas reuniões, é possível conversar com as famílias sobre as crianças, suas necessidades, o projeto da instituição e as atividades desenvolvidas no período. É um momento rico de troca entre a escola e as famílias, que complementa o contato diário com os pais ou responsáveis, que acompanham as crianças até as salas, têm contato direto com o(a) professor(a) e podem conversar sempre que julgar necessário.

Outra forma de comunicação entre a escola e as famílias são as agendas, entregues a todas as crianças no início do ano letivo. Sempre que chegam à escola, as crianças as deixam com os professores, para que todos os comunicados sejam registrados. Os pais ou responsáveis também podem tirar dúvidas ou informar algo sobre a criança usando a agenda, que é conferida pelos(as) professores(as) diariamente. As famílias também podem contar com o *blog* da escola para acompanhar o trabalho e deixar recados com críticas e sugestões.

Castro enfatiza que há ainda outras formas de avaliação (dos espaços, da equipe pedagógica, da equipe gestora, dos serviços gerais etc.), feitas em reuniões entre os membros da equipe. Nesses momentos, buscam em conjunto soluções para as demandas da escola e/ou dificuldades encontradas por algum profissional.

Segundo comenta, a escola em que trabalha usa o relatório como forma de registro das experiências das crianças, como orienta a secretaria de educação, mas nem todas as escolas o fazem. Algumas ainda usam fichas "para marcar X". Para Castro, as anotações semanais ou quinzenais no caderno do professor são um modo interessante de se manter atento às crianças, mas a maioria escreve o relatório com o que consegue lembrar. De toda forma, a escrita do documento permite que o professor pare para pensar em cada criança, e o registro expõe à família o que foi vivido no período. Alguns professores acrescentam fotografias ao relatório ou entregam CDs com fotografias para as famílias.

Contudo, segundo Castro, os registros de muitos professores giram em torno do que as crianças não conseguem realizar e as expectativas de aprendizagem costumam estar relacionadas a conteúdos da educação infantil, como cores, formas geométricas, letras, números, escrita do nome. A avaliação é, assim, ainda considerada como aferição de conteúdos. Há também muitos professores que, em seus relatórios, descrevem comportamentos da criança que justifiquem encaminhá-las para especialistas da área de saúde. Para eles, boa parte da turma tem alguma patologia e precisa de acompanhamento de especialistas para aprender a se comportar adequadamente.

Scramingnon é graduada em pedagogia há dez anos, trabalha no magistério há catorze e atua como orientadora pedagógica na educação infantil há cinco meses. De acordo com Scramingnon (2014), a avaliação na educação infantil na escola em que trabalha acontece baseada na organização de alguns instrumentos de registro do desenvolvimento das crianças. O corpo docente, reunido, discute as experiências que precisam ser garantidas no trabalho. O desenvolvimento desse trabalho com foco nas experiências individuais e coletivas é registrado no relatório, no portfólio e em anotações individuais. O relatório é escrito com a participação de todos os professores da turma e descreve as experiências coletivas, como projetos desenvolvidos na turma, bem como o desenvolvimento individual das crianças. Os relatórios são impressos em duas cópias. Uma fica na instituição e a outra é entregue aos responsáveis na reunião que acontece trimestralmente. Fotos e falas das crianças são apresentadas quando podem enriquecer os registros.

O portfólio reúne registros do processo de todo o ano letivo: produção das crianças em papel, fotos e outras mídias, como vídeos. Os vídeos reúnem gravações de diferentes momentos (recontos, dramatizações, brincadeiras, apresentações) e vídeos produzidos pelas crianças. Até o ano anterior ao do relato, o portfólio era entregue apenas no fim do ano. Depois, segundo a professora, na reunião trimestral os pais levam o portfólio para casa para analisarem com tranquilidade – o que nem sempre é possível na escola, em razão do tempo curto. Após o período combinado com cada professor, o portfólio é devolvido à instituição. É esclarecido aos responsáveis que o portfólio está em construção. Quando levado para casa, ele contém uma folha com algumas questões para serem respondidas pelos pais a respeito do trabalho desenvolvido e ali exposto. A ideia desse retorno dos pais foi definida com base na compreensão de que a avaliação deles também é importante. A organização dos portfólios tem a participação das crianças.

Reconhecendo que muitas questões relevantes são perdidas por não registrarem as situações, as anotações sobre as crianças têm como proposta a prática do registro diário. A ideia é registrar com constância as questões trazidas pelas crianças, suas falas e propostas. Assim, cada professor tem um bloco para as anotações. Como as turmas são compostas por dois professores, alguns definiram que teriam dois blocos e fariam anotações separadas, para que, em um determinado momento, comparassem as observações.

Sobre essas formas de avaliação, a professora considera que a equipe avançou, mas uma questão ainda se coloca como desafio: além da participação na organização do portfólio, como incluir as crianças nessa avaliação? Seria possível realizar com elas uma autoavaliação? Da perspectiva da avaliação como prática, que tem como proposta favorecer o trabalho do professor, das crianças e das famílias, como garantir a participação das crianças, mesmo na educação infantil? Como compartilhar com as crianças a avaliação delas?

Certa vez, escreveu a professora, uma amiga contou que estava fazendo um registro e uma criança perguntou: "O que você está escrevendo?". A professora respondeu que estava fazendo uma anotação sobre ela e que, depois, mostraria para seus pais. A criança então perguntou o que ela escrevera e a professora leu. A criança, após ouvir, respondeu: "Então, escreve isto também...". E disse coisas sobre ela na escola que gostaria que estivessem escritas. Para Scramingnon, essa questão é desafiadora: "Não conseguimos dar conta e precisamos avançar". Ela inclui em seu relato uma avaliação feita por uma criança – sua aluna no ensino fundamental – que dá à professora um conceito "muito bom" e justifica: "Porque eu acho a tia Gabriela legal e muito estudiosa, cheia de charme, muito legal e cheirosa, muito boa, elegante e charmosa e muito chique, maravilhosa, muito inteligente, passa pouco dever e eu gosto de você". Essa avaliação deixa a professora, como ela mesma conta, "surpresa ao saber que a justificativa positiva do meu trabalho feita pela criança era passar pouco dever, ser cheirosa e estudiosa". Com sete anos, Larissa, já alfabetizada, convoca-nos a pensar em estratégias que possam favorecer a participação das crianças da educação infantil na avaliação.

Maia é graduada em pedagogia há treze anos, tem vinte e oito de magistério e atua em gestão há dez anos. É professora em uma escola e coordenadora em educação infantil em outra. De acordo com seu relato, Maia (2014) diz que, embora a rede pública em que trabalha tenha passado, e esteja passando, por diversas revisões curriculares (governos que pretendem deixar sua marca), na avaliação na educação infantil tem prevalecido o registro que se torna relatório semestral. Já houve tentativas de retomar fichas para serem marcadas e subsidiarem os relatórios, mas foram ignoradas ou viraram miolo dos relatórios e não vingaram.

Maia concorda com essa prática e esse registro avaliativo e gosta deles, por conterem uma síntese ou análise de tudo o que se observou e acompanhou da criança no período. Porém se, por um lado, isso preserva a autonomia de quem organiza, faz a mediação e avalia o processo pedagógico efetivo com a criança, por outro, deixa espaço para que sejam feitos registros de todo tipo. Alguns não dizem nada sobre a criança; outros julgam, classificam, diagnosticam, acusam as famílias, falam do comportamento, de maneira positiva ou não. A fidelidade e a utilidade desses registros ficam à mercê de quem escreve e do profissional que acompanha ou orienta o trabalho.

Maia conta que, como professora, seus registros são bastante descritivos, a fim de exemplificar o que quer dizer; fala do que observa, se é frequente, em que situações costuma ocorrer, como agiu ou reagiu, qual a consequência ou resultado observável do que fez. Como coordenadora, ela procura perguntar às professoras o que consideram importante constar no relatório. É comum receber um relatório longo ou anotações periódicas, e costuma indagar, depois de ler, o que a professora demonstra saber, o que demonstra preferir ou não, qual a sua intervenção na situação registrada, como a criança reagiu, que contribuições traz para as atividades, como participa, em que situações age assim.

Conforme narra Maia, muitas vezes, é nesse momento que ela consegue mexer com as práticas, quando a(o) profissional percebe que não sabe responder, que não conhece a criança ou não registrou o que sabe sobre ela. A professora aproveita então para pensarem juntos nessas questões. Na sua prática, isso causa mais efeito do que tudo o que estudam e planejam no grupo. A avaliação se apresenta com o seu real valor pedagógico: avaliar as práticas para repensá-las. Os registros do cotidiano são feitos no caderno do profissional e o relatório em papel timbrado, com os dados da criança.

Com base em teorias, práticas, políticas e relatos: Nossa responsabilidade na avaliação

O que fazer com o conhecimento que adquirimos no estudo, na pesquisa? Essa pergunta faz emergir a nossa responsabilidade: devemos dar respostas aos outros, com nossas ações e conhecimento. As teorias, as práticas, as políticas e os relatos apresentados enfatizam nossa responsabilidade na avaliação como adultos, profissionais, pessoas.

Os estudos e os documentos das políticas revelam uma concepção de infância e uma visão de criança com direito à brincadeira e à expressão em suas diferentes formas. Da mesma maneira, a avaliação na educação infantil é concebida nos documentos como processo formativo, sem objetivo de medir ou comparar.

As pesquisas sobre qualidade na educação infantil apontam, contudo, a precariedade de condições, práticas e interações. Os resultados da avaliação explicitados em relatórios evidenciam, apesar das concepções de infância e de avaliação dos documentos oficiais, uma ênfase em conteúdos, e não no desenvolvimento, nas ações ou produções infantis, a patologização das crianças, a normatização de condutas, a culpabilização das famílias, bem como mensuração e comparações.

A história do sistema escolar brasileiro e o contexto de expansão da educação infantil ajudam a compreender, como procuramos mostrar, por que muitas conquistas dos estudos e políticas não acontecem nas práticas e por que não é fácil mudar. As relações entre instâncias de gestão, a interferência de políticos ou autoridades locais e a falta de debate crítico sobre avaliação são alguns dos aspectos que delineiam esse cenário.

Como contraponto, quatro professoras – três delas gestoras – foram convidadas a escrever relatos de sua experiência com avaliação na educação infantil. As narrativas trazem proposições, análises e reflexões críticas, em que se destacam: a ênfase na participação de profissionais e famílias na avaliação, incluindo as crianças, a necessidade de reunir e expor trabalhos das crianças que evidenciem seu desenvolvimento e aprendizagem, a importância de relatórios que contenham avaliação de contexto mostrando as instituições, as turmas e as crianças, a relevância de compartilhar trabalhos infantis e relatórios dos professores com as famílias, a necessidade de conselhos de classe, a compreensão de que a elaboração de relatórios de avaliação é um momento crucial da supervisão pedagógica, para conversar, problematizar e repensar o trabalho dos professores e perceber se conhecem as crianças e por que esse conhecimento está ou não presente no relatório, as condições concretas que as instituições oferecem para que os professores possam observar, escrever no dia a dia e elaborar os relatórios.

As concepções teóricas, políticas e práticas e os relatos fomentam algumas reflexões no avesso da costura. Vejamos em que consiste, então, esse avesso.

Avançamos na pesquisa e nas políticas públicas, mas há muito a construir nas práticas institucionais e no cotidiano em todas as esferas da vida social, o que evoca nossa responsabilidade diária como educadores, professores, cidadãos, intelectuais, pessoas (Kramer 2013). É preciso tomar contato íntimo, diz Buber (2009), e isso exige atenção, presença (a nossa, a das crianças), visão, percepção, escuta, sentimento, vínculo (nas práticas com crianças, jovens e adultos e na formação), disponibilidade, acolhimento.

Como perceber o outro? E como conhecê-lo? Para Buber (2009), são três as maneiras de perceber um homem diante dos nossos olhos:

> Observar, contemplar e tomar conhecimento íntimo. O observador está inteiramente concentrado em gravar na sua mente o homem que observa, em "anotá-lo". Ele o perscruta e o desenha. (...) [Já] o contemplador não está absolutamente concentrado. Ele se coloca numa posição que lhe permite ver o objeto livremente e espera despreocupado aquilo que a ele se apresentará. (*Ibid.*, p. 41)

Se, no início, há intenção, em seguida, o homem nada anota e não impõe tarefas à memória. Com base nessa ideia, Buber (*ibid.*) diz: "Todos os grandes artistas eram contempladores". Observador e contemplador têm em comum o desejo de perceber. A terceira forma de perceber implica mais: algo é transmitido, acolhido, aceito, recebido. Segundo Buber, aqui não se pode retratar ou descrever.

Os limites de possibilidade do dialógico coincidem, para o autor, com os limites da tomada de conhecimento íntimo. Buber distingue o observar que requer atenção a tantos detalhes quanto possível, o contemplar livre de amarras, que não se preocupa e espera o que o objeto apresentar. Se esses dois modos se assemelham, por não ser preciso agir, a tomada de conhecimento íntimo requer uma postura receptiva: ver, acolher e aceitar o outro não como objeto, mas baseado no conhecimento profundo sobre mim ou sobre o outro. Podemos indagar: em processos de formação e avaliação, professores e alunos costumam se abrir para o que está sendo dito, mostrado ou vivenciado? Escutam?

Essa visão, baseada na filosofia do diálogo de Martin Buber, converge com a ênfase de Castro e Souza (2014) na avaliação do contexto como opção curricular para a educação infantil. A instituição e todos os seus participantes precisam refletir sobre sua identidade pedagógica e buscar compreender a experiência formativa oferecida às crianças, aos profissionais e às famílias. Participar do processo de avaliação com responsabilidade favorece refletir sobre as práticas, tomar conhecimento íntimo e tomar consciência das intenções ou práticas existentes, e agir na direção da qualidade educativa para as crianças.

A reflexão filosófica aqui proposta convida à responsabilidade, que é fundamental para que a avaliação das crianças afirme e concretize – nas interações, nas práticas e nos modos de gestão de creches, pré-escolas e escolas – a formação humana como o principal objetivo da educação infantil.

4
PAULINHO E CARRY: PRECONCEITO CONTRA A DEFICIÊNCIA OU O DIREITO DE SER DIFERENTE

Este capítulo visa partilhar o relato de duas situações vividas que se constituíram em forte experiência de preconceito contra crianças com deficiência. O primeiro tópico situa o relato histórica e politicamente. O segundo focaliza as tensões e interações com Paulinho e Carry. Ao final, em vez de conclusões, uma sugestão.

O contexto

Com a campanha pela anistia, no fim da ditadura militar no Brasil, nas décadas de 1980 e 1990, uma intensa mobilização pelos direitos das crianças se manifestou, primeiro, na Assembleia Nacional Constituinte (1988) e, em seguida, em torno do Estatuto da Criança e do Adolescente (1990). Movimentos sociais, sindicatos, sistemas de ensino e profissionais de diversas áreas recolheram mais de um milhão de assinaturas. Um intenso debate se prolongou pela Lei de Diretrizes e Bases da Educação

Nacional, aprovada em 1996. O direito das crianças de zero a seis anos à educação infantil e o direito das crianças com deficiências à educação e à inclusão são marcos da história da democratização da educação brasileira. O reconhecimento das crianças com deficiências significou a possibilidade de superar uma profunda injustiça em um contexto de preconceito social que as atingia, submetia, excluía.

A mobilização se tornou letra de lei e revelou uma mudança social e cultural relevante na sociedade brasileira: o sentimento e a consciência em relação aos deficientes se concretizaram em ações na defesa de seus direitos, uma luta vitoriosa por políticas. Porém, até então, ser "portador de uma deficiência" ou de "uma necessidade especial" (as diferentes denominações refletiam concepções teóricas que não serão abordadas aqui) era motivo de repulsa, pena ou isolamento. Durante séculos, "surdos", "loucos", "anormais" eram confinados. Em *O alienista*, escrito no século XIX, Machado de Assis já denunciara a frágil e risível padronização que regulava essa prática. Mesmo ao longo do século XX, as instituições que recolhiam crianças deficientes existiam como única alternativa para as famílias, impedindo a convivência e impondo violência física às crianças. No plano internacional, a ideologia nazista, que levou ao genocídio de milhões de pessoas, iniciou seus crimes hediondos pela eliminação dos deficientes.

Entre nós, o ideário e as práticas de repulsa e exclusão prevaleciam. Não raras vezes, até os anos 1970 (e mesmo hoje), expressões que designavam limites físicos ou deficiências estavam na linguagem cotidiana e circulavam como xingamentos. Chamar alguém de "surdo", "cego", "aleijado", "coxo", "torto", "idiota" ou "lerdo", "imaturo" ou "burro" evidencia o preconceito na linguagem usada nas relações sociais, comum nas escolas. Lembremos que, em muitas escolas, até crianças canhotas deveriam ser, como se dizia na época, contrariadas: deviam aprender a escrever com a mão correta, a direita!

Ser diferente era motivo para ser escondido. Quando não eram alvo de deboche, de preconceito, as crianças com deficiências inspiravam pena, medo ou alívio por parte das famílias que não tiveram essa "má sorte". Evitava-se falar no assunto e evitava-se a convivência com crianças com deficiências. Entre os pais dessas crianças, era/é frequente a culpa recíproca, a vergonha, a incompreensão. Muitas crianças sofriam maus tratos, inclusive dos pais. Não havia políticas públicas. Longe de serem consideradas cidadãs, as crianças deficientes contavam apenas com algumas instituições filantrópicas e o pioneirismo de médicos, sanitaristas e educadores. Dentre os que lutaram pelo respeito a todas as crianças, vale citar Helena Antipoff[1] e Nise da Silveira.[2] Conhecidas por seu trabalho dedicado e respeitoso, lutaram – como outros – em um contexto adverso por uma causa que mobilizava e sensibilizava poucos.

Duas situações, uma experiência: Paulinho e Carry

Quando criança, aprendi cedo a conviver com essa questão, a sentir, a observar, às vezes sem entender por que determinados padrões de beleza, inteligência ou comportamento tornavam algumas crianças mais crianças do que outras. Desde muito pequena, minha convivência com Paulinho me deu consciência de que somos todos diferentes e de que muitas pessoas (as crianças, como disse, com frequência não entendem porque) não gostam de alguns, debocham do seu jeito e os ridicularizam.

Paulinho era meu primo de primeiro grau, da mesma idade, filho da tia Fela, irmã da minha mãe, uma pessoa especial: a tia do primeiro batom, do primeiro sapato de saltinho (como se dizia nos anos 1960), do primeiro sutiã, das primeiras confidências de adolescente. A tia que dava força para tudo e que me ajudou em momentos importantes na faculdade, no trabalho, em horas de dúvida ou tristeza, como adolescente ou jovem adulta. Muitos anos mais tarde, eu sempre podia encontrar um delicioso café da manhã se quisesse aparecer onde ela morava. Houve um tempo

---

1. Psicóloga e pedagoga que atuou com crianças e na formação de professores de classes especiais.
2. Psiquiatra que dedicou sua vida aos pacientes, incentivando a expressão e a criação artísticas, radicalmente contrária às formas agressivas de tratamento comuns na época, como o confinamento em hospitais, os eletrochoques, a insulinoterapia e a lobotomia.

em que tomávamos café ou almoçávamos juntas às sextas-feiras. Sua alegria, a firmeza em enfrentar os problemas, o jeito desbocado e valente se combinavam e, ainda que a vida tivesse lhe imposto sérias perdas, ela mantinha alerta sua esperança, o desejo de viajar, o amor aos filhos Paulinho e Bernardo (seu orgulho como pessoa e como médico) e aos netos. Com ela, aprendi muitas coisas, sobretudo a aceitação e a alegria de reconhecer e agradecer.

Paulinho tinha um comprometimento congênito que hoje seria identificado como necessidade especial ou deficiência, com problemas de fala, motricidade e inteligência. Era doce e gostava de comer doces, adorava futebol, estava sempre acompanhado por seu rádio de pilha, tocava piano, nadava, lia, pintava. Tomava muitos remédios, inclusive para o coração. Minha tia se dedicava ao filho de um modo digno e carinhoso, ainda que com grandes dificuldades nos anos 1950 e 1960 no Rio de Janeiro, quando e onde tudo era pautado em medidas de desenvolvimento e padrões, deficiências ou limites eram motivo de vergonha, e muitos pais escondiam as crianças e os jovens com deficiências. Quando crianças, nossas famílias passeavam juntas. As idas à ilha de Paquetá e banhos nas praias da Urca ou do Galeão – águas limpas naquela época – eram os meus preferidos. Nadar, boiar em imensas câmaras de pneu e pular das pedras eram programas inesquecíveis.

Paulinho frequentava uma escola especial que realizava na época um trabalho inovador, com respeito por crianças e adolescentes, aliando atendimento específico, escolaridade regular e terapia ocupacional, artes e uma forte convivência, mantida durante anos entre os jovens e suas famílias. Foi assim que conhecemos a diretora da escola e os meninos e meninas, depois rapazes e moças, que frequentavam a escola. Minha tia aceitava, incentivava e participava. Mesmo depois que Paulinho faleceu, continuou indo à escola dar aulas de artesanato e pintura em cerâmica, que tão bem sabia fazer.

Os profissionais da escola eram bem preparados e o clima era acolhedor; as festas de aniversário eram marcadas pela presença carinhosa das famílias, por acolhimento, proteção, atenção e riso, constantes naquele grupo. A autonomia era um valor: durante certo tempo, Paulinho saía sozinho, ia a festas, comprava jornal, ouvia seu futebol, ele e seu companheiro inseparável, o rádio de pilha.

Dentre as muitas situações observadas, escolho relatar um episódio de meados dos anos 1960. Minha tia me convidou para ir com ela e Paulinho a São Lourenço, no sul de Minas Gerais, passar férias. Aceito o convite, a mala foi feita com poucas roupas, maiô e tamanco branco para ir à piscina, e um punhado de livros. Tão logo chegamos, a escolha da mesa no restaurante chamou a minha atenção. A pergunta "por que tão longe?" recebeu como resposta um evasivo "para ninguém importunar a gente nem rir do Paulinho; para ele poder ser quem é e fazer as coisas do jeito que ele faz". E ali ficamos.

No dia seguinte, compreendi o que ela queria dizer: estamos no elevador, Paulinho e eu, indo para a sala de jogos, quando entram três meninos, mais ou menos da mesma idade, mas maiores que nós. Apertam os botões, falam entre si e começam a rir dele, mexem na sua roupa, debocham, dirigem-lhe palavrões, xingamentos. O preconceito se materializa dentro daquele cubículo. Os meninos provocam rudemente seu sofrimento. Meu primo fica nervoso, tenta revidar, fala enrolado e se confunde. O elevador para, eles riem e tentam nos expulsar para o corredor, enquanto gritamos. Eu os ameaço, embora com medo, porque eram maiores que nós, falo alto e gesticulo muito. Eles saem correndo, rindo, como vencedores. Entre o desejo de proteger e defender, pude então entender minha tia e a mesa escolhida na noite anterior.

Cerca de dez anos mais tarde, já pedagoga formada, trabalhando como diretora em uma escola de educação infantil, uma situação semelhante trouxe de volta o elevador e os meninos tentando expulsar Paulinho. Trata-se da história de Carry.

A instituição foi criada em 1976 por um grupo de professores. Assumíamos as turmas, as funções de coordenação e direção, o contato com as famílias e a realização de cursos de formação para outros profissionais. Vigorava a lei 5.692, e 20 anos nos separavam do reconhecimento da educação infantil como direito das crianças, que só seria conquistado com a LDB de 1996. Além do trabalho naquela creche-escola, desenvolvíamos projetos em favelas do Rio de Janeiro, o que, naqueles tempos conturbados da ditadura militar, dava a nossa atuação um sentido político e social. Formada nos textos e nas ideias de Paulo Freire e Jean Piaget, a educação só tinha sentido para mim se exercida como prática de liberdade, espaço de conhecimento, crítica e ação cultural.

O bairro em que se localizava a creche-escola já tinha vivido um lamentável problema contra crianças com deficiências quando se deu o episódio com Carry. Um ano antes, uma movimentação de moradores conseguira a retirada de uma escola especial que funcionava em uma bela mansão alugada, porque – estes eram os termos das manchetes que ocuparam os jornais da época – atrapalhavam a paisagem, como se a presença das crianças tornasse feio o local e desvalorizasse os imóveis do entorno.

Carry foi matriculada na creche-escola com dois anos de idade. Uma linda menina de olhos vivos, cabelos lisos e curtos, com franja. Tinha uma conduta agitada e um diagnóstico impreciso. Nenhuma lesão. Um laudo que apontava traços similares ao autismo, com ações repetidas, dificuldade de interação, movimentos circulares, gritos como reação de medo ou susto. Foi aceita por nós, como eram todas as crianças que nos procuravam. Simplesmente aceita. Seu contexto familiar era delicado. A princípio, fomos informadas de que morava com a mãe, que estava em um segundo casamento, fato não tão comum quanto hoje, mas que, por si só, nada significava, acrescentava ou explicava sobre seu comportamento. Meses depois, porém, durante uma entrevista com a família, compreendemos que vivia com a avó e um tio com grave doença mental, e deduzimos que sua conduta repetia, reproduzia, imitava movimentos, ruídos e gestos aprendidos naquele contexto. Carry tinha sido deixada com a avó pela mãe, por exigência do segundo marido, que não queria ter com ela nenhuma convivência.

Esses fatos seriam suficientes para falar do estado em que se encontrava a menina e da não menos grave situação familiar que abrigava ou escondia um adulto deficiente. Porém o preconceito dirigido contra Carry foi expresso no espaço da própria creche-escola. Durante uma reunião, um grupo de pais, sem pudor ou meias palavras, pediu que ela fosse retirada da escola, pois a sua presença – isso era o que constava da carta que recebemos – era um mau exemplo para as outras crianças, normais, sadias, que com ela aprendiam a agir e a gritar. "Não parece uma criança e, sim, um bicho" foi a expressão usada por uma mãe naquela reunião. Nossa reação foi imediata, firme, direta. Que os pais se sentissem à vontade para transferir seus filhos a qualquer momento; muitas creches estavam sendo inauguradas no bairro e eles não teriam dificuldades em conseguir vagas. Carry ficaria na creche enquanto a família assim quisesse, pois, ela sim teria dificuldade de ser aceita em outra escola. A menina permaneceu e nenhuma das famílias tirou os filhos da escola. O trabalho com elas era difícil, mas possível. Então como agora.

Em vez de conclusões, uma sugestão

Naqueles anos, o preconceito era visível; hoje, a Constituição o condena, ainda que ele exista de formas nem sempre sutis. Muitas escolas públicas e particulares têm projetos de inclusão. As trajetórias são difíceis, complexas, mas bonitas, com respeito aos deficientes que têm o direito de ser criança e ser diferente. E a diferença ensina. Nesse contexto, todos os que se interessam e se emocionam e que atuam com pessoas com deficiências merecem ler *O filho eterno* (Tezza 2007), uma lição de vida na qual se cruzam agir ético, estética e conhecimento. Uma contribuição para todos os tempos e lugares.

PARTE 2

GESTÃO, FORMAÇÃO E TRABALHO DOCENTE

1
GESTÃO NA EDUCAÇÃO INFANTIL: O DESAFIO DE RESPONDER COM GRANDES GESTOS[1]

Se perguntarmos a uma criança pequena o que é gestão, a resposta poderá gerar surpresa nos adultos. As crianças, com frequência, dizem que gestão é um "gesto grande", o que provoca risos, mas também pode nos convidar a pensar.

A gestão, particularmente na educação infantil, exige – em meu entender – enfrentar com gestos grandes um cotidiano que sobrecarrega os profissionais e que sobrepõe tarefas rotineiras e demandas miúdas. Atuar com grandeza ou inteireza é não se deixar desumanizar pelo rolo compressor de um dia a dia estafante, pela urgência das soluções e pela impaciência ou cobranças dos adultos, sejam pais, professores, outros funcionários, fornecedores, supervisores, técnicos de demais instância de gestão, sejam representantes da comunidade, de movimentos sociais ou sindicatos.

Este capítulo trata do tema da gestão em dois momentos. O primeiro focaliza alguns de seus aspectos no cotidiano institucional. O segundo traz problemas enfrentados por secretarias de educação. Nas conclusões,

---

1. Texto publicado na revista *Pátio*, v. 45, pp. 40-42, 2015.

a formação é apontada como o maior desafio e a resposta necessária nas várias instâncias da gestão educacional. Nos dois casos, privilegiamos a crítica ao endurecimento das relações e a necessidade de pensar o presente e se fazer presente.

Na gestão cotidiana de uma instituição

Toda instituição está situada, instalada, mas as relações entre as pessoas nas instituições, com frequência, estão desumanizadas. As pesquisas sobre gestão e interações entre adultos (Kramer 2005) e entre adultos e crianças (Kramer 2009) mostram adultos ríspidos uns com os outros e com as crianças. Muitos não sabem estabelecer limites, aplicar sanções, exercer autoridade, têm medo de assumir uma posição, de tomar uma decisão. Tais gestos ensinam o medo e tornam as crianças e os jovens instáveis ou desconfiados. As ameaças deslocam as relações para o aprendizado de desentendimento, agressão e violência.

Gestores escutam e presenciam histórias difíceis, que revelam preconceitos, estereótipos, discriminação (Kramer 2013). A maledicência, o falar pelas costas, a desesperança, o descaso impregnam muitas situações em que algo precisa mudar.

Mudanças nas práticas podem superar as relações coisificadas e a invisibilidade de crianças, jovens e adultos, se acolhermos suas mais diversas expressões e ações. Cuidado, atenção, autoridade, simpatia e cumplicidade com crianças e jovens diante de maus tratos, negligência, deboche ou humilhações são essenciais. Não raro, deparamo-nos nas instituições com certo clima e modos de agir dos adultos que revelam omissão diante de pedidos de ajuda implícitos ou explícitos, atos de injustiça que levam sofrimento a crianças ou jovens (Kramer 2009). Há ocasiões em que cabem denúncias, o que exige também cuidados no sentido de não expor crianças e jovens a riscos e de protegê-los em todas e quaisquer circunstâncias.

Com frequência, as relações dos profissionais das instituições com as famílias estão brutalizadas. Uns acusam os outros, mas as necessidades das crianças, seus gritos por ajuda não são escutados ou seu silêncio não é percebido. Festas de aniversário tristes e brincadeiras quietas pedem ação pedagógica e intervenção educacional, a fim de reverter processos e relações.

Muitas equipes de gestão enfrentam esse cotidiano difícil com ação conjunta, confiança no outro e visão de mundo em que o compromisso e o ato ético ajudam a ampliar os gestos e as ações de um conjunto de pessoas que se faz comunidade. Essas pessoas se escutam, se olham, agem. Muitas vezes, tais dificuldades são fruto da omissão das instâncias superiores de gestão.

Na gestão de uma rede

Estudos recentes indicam as urgências e necessidades das políticas de gestão no sentido de construir uma educação infantil como parte do processo de democratização da educação brasileira. Os aspectos sinalizados a seguir – expansão das vagas, mecanismos de contratação e eleições de diretores de unidades – são centrais na gestão pública de sistemas educacionais.

Nas últimas décadas, houve expressiva ampliação da oferta de vagas em creches e pré-escolas, mas são necessários estudos de demanda por creche em bairros ou regiões do município que orientem a expansão das vagas da rede pública. No Brasil, esses estudos não são comuns, gerando sobra de vagas em algumas regiões e falta em outras.

Ainda sobre a expansão da oferta, as pesquisas mostram que é urgente desvincular as vagas das pressões e ingerências de políticos ou figuras do poder local (Kramer 2009). A oferta de vagas é dever dos municípios e direito de todas as crianças, devendo ser garantida.

Quanto aos mecanismos de contratação de profissionais, concursos públicos específicos para professor de educação infantil e presença de, no mínimo, um professor por turma, com a formação exigida por lei, são requisitos de uma gestão que se pretenda democrática.

Outro aspecto central são as eleições para diretor de creches e pré-escolas com a participação da equipe e da comunidade escolar, definindo tempo de mandato e critérios para o exercício do cargo. As pesquisas indicam que prevalece a nomeação, o que pode configurar um clima de manobra e de difícil implantação de mudanças políticas e práticas.

Um ponto muito sensível diz respeito às relações que as secretarias estabelecem com as instituições de educação infantil que integram sua rede. A maior ou menor autonomia e flexibilidade, a participação nas decisões, se as secretarias municipais levam ou não em conta as necessidades das instituições e de seus profissionais e se, simultaneamente, assumem seu papel na definição de critérios e modos de ação, tudo isso contribui para a concretização dos direitos das crianças e de suas famílias a uma educação de qualidade e do direito dos profissionais a condições que favoreçam o exercício digno de seu trabalho. Com frequência, as secretarias agem – em cursos ou eventos de formação – como se sua unidade de ações fossem os professores, quando deveriam tomar as instituições e seus gestores como foco.

Faltam cursos e outras modalidades de formação de gestores, assim como falta continuidade nas políticas. Com muita frequência, projetos em andamento são interrompidos quando um novo grupo gestor assume o poder, desperdiçando recursos humanos e financeiros e evidenciando a ausência de uma ética que privilegie as crianças e seu bem-estar. A gestão da educação infantil deve levar em conta a trajetória de cada município, creche ou escola, impedir que se cristalizem poderes instalados e favorecer a inovação, a ruptura, o crescimento.

O gesto de responder com formação

As secretarias, as coordenadorias e as instituições são impactadas por pressões de diferentes interesses pessoais, de grupos de poder local, por corrupção que visa a benefícios distantes da esfera pública. Muitos profissionais lutam para que a ética, o compromisso e o conhecimento norteiem suas ações. Nesse contexto, a formação se configura como o maior desafio da gestão.

A formação pode e deve se constituir como espaço de encontro, onde haja diálogo. Perceber o outro nas relações pessoais, em todas as instâncias da vida social, com responsabilidade e favorecer vínculos positivos entre adultos e crianças precisam ser o eixo norteador das práticas de formação humana.

A formação humana em todos os níveis, grupos ou idades acontece com respeito à pluralidade, ao diálogo e à autoria. Cabe aos adultos liderar, mobilizar, catalisar energias, conhecimentos e valores para alterar e transformar, assumindo a tarefa de garantir conhecimento do mundo e reconhecimento do outro, o desafio mais delicado e relevante do ato educativo.

Nossa responsabilidade – compromisso e ação – é maior se entendemos que a autoria é construída em colaboração. A formação envolve experiências, práticas, saberes, sentimentos, valores que transmitimos, construímos e confrontamos. Garantir que professores, gestores, funcionários, pais, crianças, jovens e adultos tenham acesso ao conhecimento científico, à cultura e à arte, dialogando com a palavra do outro e com a produção cultural, oferece condições para que participem da produção de conhecimento, da construção da cultura e do espaço de criação.

Considerar as teorias e os dilemas que a prática apresenta, exige que a educação se constitua como exercício de direitos e deveres em práticas responsáveis de autoria e autonomia. Entender o outro como prioridade se atém ao nosso dever em relação ao outro e ao dever do outro em relação a todos. O outro – pai, mãe, criança, professor, faxineira, cozinheira, coordenador – é prioridade absoluta: devo escutá-lo, olhá-lo, compreender seu sofrimento, sua ansiedade, sua capacidade de participar e mudar.

Importa responder e não só ser responsável. A resposta que dou não se reduz a se sentir responsável pelo outro, alcança o que faço, meu ato ético, o modo como o conhecimento e a arte retornam em forma de resposta ética, prática e vivida ao outro. Assim, e mais uma vez, a responsabilidade se vincula à autoria. Por ser a autoria coletiva, ela amplia a responsabilidade, gera responsividade e favorece a formação como criação científica e cultural.

Evitar o endurecimento das relações, pensar o presente e se fazer presente. Aqui reside uma das inúmeras possibilidades de gestão: ter gestos grandes.

2
TRABALHO DOCENTE, INFÂNCIA E CURRÍCULO: URGÊNCIAS E SUTILEZAS DA AÇÃO ESCOLAR[1]

O que muda na mudança,
se tudo em volta é uma dança
no trajeto da esperança,
junto ao que nunca se alcança?

Carlos Drummond de Andrade

Este capítulo trata de processos vividos por professores e de dilemas da ação escolar no que se refere à construção de autoridade e autonomia, ao trabalho docente, às crianças e à formação. As análises se baseiam em dois projetos de pesquisa sobre gestão e formação (Kramer 2005) e sobre interações e práticas entre crianças e adultos na educação infantil (Kramer 2009).

Essas pesquisas estão situadas em um contexto de mudanças das políticas públicas na educação infantil e nos primeiros anos do ensino fundamental. No Brasil, a educação infantil é direito das crianças e dever do Estado desde a Constituição de 1988. É a primeira etapa da educação

---

1. Este texto foi publicado em C. Leite *et al.* (2011).

básica desde 1996. O ensino fundamental tem nove anos de duração (Brasil 2006b) e a educação básica é obrigatória e gratuita dos quatro aos dezessete anos de idade (Brasil 2009c). Fruto da atuação dos movimentos sociais, as mudanças ampliaram os direitos das crianças de zero a seis anos e impactaram fortemente a organização e a gestão dos sistemas de ensino.

Iniciamos o capítulo com o enfoque teórico-metodológico das pesquisas. Em seguida, abordamos as tensões e contradições da gestão de sistemas de ensino e suas repercussões na escola, de uma perspectiva macro. Analisamos então mudanças conceituais e os desafios enfrentados nas interações entre adultos e crianças, de uma perspectiva micro. Concepções de trabalho docente e de infância são problematizados. Ao final, sistematizamos as urgências e sutilezas das duas instâncias.

Trabalho docente, currículo e autoridade: Tensões da gestão escolar

Políticas curriculares, formulação de propostas pedagógicas e práticas de intervenção educacional se defrontam com o papel dos professores na concepção e implementação de mudanças. Professores são ativos, definem caminhos e participam das decisões? Que espaço, peso ou valor é atribuído a sua autonomia e autoridade? Sistemas de ensino articulam intervenção educacional, mudança curricular e formação continuada?

Diferentes tensões afetam o cotidiano de professores e gestores: questões financeiras, múltiplas jornadas, pressões do ritmo acelerado do mundo contemporâneo e suas exigências. Dar conta das obrigações depende das condições em que as práticas estão situadas. Faltam ao professor autonomia e autoridade para enfrentar adversidades, ou faltam condições nas escolas para o exercício da autonomia e da autoridade? Que conceitos, exemplos e modelos de autoridade e autonomia circulam entre professores e gestores?

A autoridade se relaciona à experiência. Para Benjamin (1987a), a proximidade da morte dava ao moribundo maior autoridade, porque tinha mais o que contar. A vivência (finita) se torna infinita, ultrapassando a morte, quando contada: a narrativa, essencial para a constituição do sentido de coletividade, planta-se no outro. Na modernidade, com o declínio da experiência, a narrativa entra em extinção e dilui a autoridade.

A autoridade é direito ou poder de se fazer obedecer, dar ordens, tomar decisões, agir; são os órgãos ou representantes do poder público; é quem tem por encargo fazer respeitar as leis; é poder atribuído a alguém; domínio; influência, prestígio, crédito; é o indivíduo de competência indiscutível em um assunto; é permissão, autorização. A autonomia é a faculdade de governar-se, reger-se por leis próprias; é liberdade ou independência moral ou intelectual; é a distância máxima que um veículo (avião ou navio) percorre sem se reabastecer de combustível; é estado ou condição pela qual se escolhem leis que regem conduta, autodeterminação, heteronomia, liberdade. Quem fornece combustível aos professores?

Autonomia não é fazer o que se quer, implica cooperação. A autoridade, conferida pela experiência, pelo conhecimento, pela idade ou propriedade, é exercida de forma a compartilhar o poder, ou pelo medo. Ambas são lugar de tensão de forças contraditórias, não se configuram como estado ou condição, mas como polos em movimento, arenas de lutas, aprendidas nas práticas e táticas cotidianas. Conhecimento/ciência, arte/estética, vida/agir ético são dimensões da vida humana em que circulam conceitos e valores em duas direções: dos sistemas ideológicos (ciência, cultura, religião, política, arte) para o cotidiano (as práticas) e da ideologia do cotidiano para os sistemas ideológicos, com influências recíprocas (Bakhtin 1988a).

As pesquisas assumem que estudamos para conhecer e transformar forças dentro e fora da escola e focalizam formação, gestão, relações entre secretarias, escolas e professores, práticas pedagógicas, relações adultos/crianças, em um contexto de mudanças legais e institucionais.

O referencial teórico se baseia na teoria crítica da cultura e da modernidade (Benjamin 1987a e 1987b), na concepção de linguagem de Bakhtin (1988a e 1988b) e na formação social da consciência em sua ligação com a cultura (Vygotsky 1984 e 2009). Teses, dissertações e monografias compõem o mosaico dessa produção, que concilia estratégias qualitativas e quantitativas. A sociologia da infância (Sarmento e Gouvea 2008) fornece suporte metodológico sobre a infância como categoria social e as crianças como sujeitos empíricos.

Com o foco na gestão

Desde 1999, o grupo de pesquisa Infância, Formação e Cultura (Infoc) estuda formação e gestão (Kramer 2005). Um questionário sobre educação infantil e formação foi respondido por 54 secretarias municipais de educação do Estado do Rio de Janeiro. Entrevistas com 57 responsáveis por políticas de educação infantil em dez cidades da região metropolitana permitiram conhecer histórias de formação dos profissionais e propostas curriculares. Questões relativas à autonomia e à autoridade emergiram de modo intenso. Coordenadoras, diretoras e supervisoras que trabalhavam nas secretarias de educação relataram como se viam e expressavam as relações de poder que as afetavam, a distância entre o discurso das secretarias e as práticas escolares e as consequências dessa distância nas relações entre gestores e professores.

Muitas secretarias não assumem seu papel de formular políticas de educação infantil. "Fica tudo muito solto." Faltam políticas de formação e planejamento. Segundo uma diretora de ensino: "(...) hoje, na educação, vale tudo! Profissional que não dá para a educação infantil, fica na 3ª série; não dá, fica na coordenação de turno; não dando, fica no portão". A identidade da educação infantil, nova nas redes, embora presente na LDB desde 1996, é citada ora como serviço menor, ora como profissão. Para outra entrevistada, os profissionais são alocados por ensaio e erro, mesmo quando há concurso para professores. Vai-se *"dando um jeitinho"*. Decisões da esfera pública são tomadas com procedimentos da esfera privada.

Inúmeros profissionais ocupam vários lugares ao mesmo tempo: no setor público e privado, na educação infantil, no ensino fundamental, médio e superior e em secretarias de vários municípios. Diz uma diretora: "Existem professores novos, cheios de energia, mas sem formação e informação. Os professores antigos que têm conhecimento estão cansados".

A falta de critérios de qualidade é acentuada por práticas políticas marcadas pelo partidarismo e pelo paternalismo, com rupturas na gestão. Intenções de gestores não se traduzem em ações escolares, afastam-se dos objetivos. Os prejuízos se refletem na organização das secretarias e na formulação das políticas educacionais. Uma coordenadora levou, depois de assumir o cargo, "seis meses na arrumação da casa. A secretaria para tudo para se reorganizar", sem perceber que isso favorece o enfraquecimento da autoridade e da legitimidade da gestão, processo que repercute nas escolas.

A ponte entre as secretarias e as escolas é considerada necessária, embora ainda não construída. A escola não aparece como instância de pertencimento e identidade. "A secretaria, órgão central, se distancia e fica na crítica [ao professor], mas não chega perto, não ouve, reúne todo mundo numa sala, traz um conferencista." Para Sennett (2001, p. 30), a autoridade é a qualidade de quem "tem força e a usa para guiar os outros, disciplinando-os e modificando seu modo de agir, através da referência a um padrão superior". A autoridade se firma na competência, na relação com o outro; o outro a confere. As entrevistadas dizem que são tratadas pelas professoras de modo desrespeitoso. A autoridade não parece legitimada pelo poder do conhecimento, pela posse ou autoria.

Políticas fragmentadas, sem legitimidade, combinadas à autoridade paternalista abrem espaço para a interferência de políticos na gestão e fragilizam mais ainda as relações entre gestores e professores e entre pares. A escolha para ocupar cargos na secretaria municipal de educação traz um conflito comum, vivenciado no cotidiano. Uma supervisora ouve sempre: "Você não sabe com quem está se metendo, quem me colocou aqui dentro foi fulano [vereador], então, se cuida comigo. Aqui tem muito disso, afilhado, sobrinha de vereador, amigo do subprefeito e sei lá o que do secretário de fazenda".

No paternalismo, a dominação prevalece, são típicas relações do patriarcado. A imagem da autoridade é constituída socialmente pelo grau de parentesco e proximidade; a relação que se estabelece não é dada por competência profissional, mas por laços consanguíneos (Sennett 2001). Segundo os relatos, o compromisso de quem assume o cargo de autoridade tende a ser pequeno em relação a quem representa: a dominação favorece o medo da autoridade, fruto do autoritarismo, da tênue relação entre autoridade e autoria. A autoridade se impõe pelo medo, legitimando-se por uma prática em que os professores não participam da gestão e os políticos interferem. Esse tipo de autoridade estabelecida de fora para dentro é exercido não por quem tem, mas por quem abre mão da sua autoridade. Os relatos denunciam "bilhetinho de vereador exige uma vaga". A presença dos políticos garante sua permanência no poder e afeta a nomeação de secretárias de educação e diretoras.

As interferências se devem à centralização política, pedagógica e administrativa da secretaria e à inexistência de gestão participativa, tornando difícil para o órgão central ou a direção da escola solucionar problemas. Em consequência, os professores perdem autonomia. A gestão participativa e descentralizada resulta de compromisso, discussão coletiva, divisão de responsabilidades, decisões e ações (Paro 2001), mas as entrevistadas relatam a centralização dos sistemas. A participação de professores em decisões políticas, pedagógicas e administrativas da escola e na destinação dos recursos financeiros é rara nesses municípios.

Segundo os gestores, há professores que: se recusam a fazer o trabalho – "sou concursada, só saio daqui se eu matar, se eu roubar"; não conhecem a teoria; compreendem, mas têm medo de agir, por falta de compromisso; têm a teoria, compreendem os textos lidos, mas não se mexem, "têm informação, sabem e caem no comodismo"; não pronunciam a sua palavra; não se apropriam da liberdade de dizer. Mudar significa desestabilizar o professor: "alguém está tirando o chão dele". Para uma coordenadora: "Quando a gente conhece, paga o preço da responsabilidade de fazer o que os outros não aprenderam". Outra coordenadora critica os que têm medo de fazer e julgam que a ousadia de mudar traz resultados negativos: "O pior é o professor que tem a teoria, sabe, entende, mas na prática não faz". Essa foi uma crítica recorrente.

Uma autoridade que se impõe pela posse foi criticada por coordenadores e diretores: "É aquele problema, a sala é minha, você não pode entrar, eu sou o professor, aqui dentro sou autoridade máxima. Muitos ainda se comportam assim". Contudo, essa parece ser uma forma de os professores resistirem a inovações e imposições das secretarias, diferenciando-se do contexto de que discordam, como se tivessem aprendido a trabalhar por sua conta e risco.

As entrevistadas se referem às professoras como "as meninas da educação infantil" ou "minhas meninas". Assim como as professoras do ensino fundamental são chamadas de tias, isso interfere na visão que elas têm de si, na sua autoridade e autonomia. As marcas dessa relação de poder são impressas nas professoras. Para Sennett (2001), o paternalismo se destaca como modelo de autoridade no capitalismo do século XIX, superpondo a imagem do pai à do patrão. A afirmação "o patrão é um pai", metáfora das condições familiares do século XIX, passou a ser usada de forma generalizada, "encobrindo a dura realidade material de que os patrões eram tudo, menos líderes que apoiassem, protegessem e amassem seus empregados" (p. 74). A autoridade paternalista imprime familiaridade às relações de trabalho, fortalece laços de poder nos quais prevalece a submissão, e não a autonomia, a cooperação ou a emancipação.

Chamar professoras da educação infantil de *meninas* evoca o fato de que, em muitos municípios, elas ganham segundo a etapa em que atuam, e não de acordo com a sua escolaridade. O pronome possessivo "minhas" acrescenta um sutil significado à autoridade e ao poder de quem fala. Como propriedade de quem fala, o paternalismo predomina nessas relações:

> Todas as palavras evocam uma profissão, um gênero, uma tendência, um partido, uma obra, uma pessoa definida, uma geração, uma idade, um dia, uma hora. Cada palavra evoca um contexto ou contextos, nos quais ela viveu sua vida socialmente tensa; todas as palavras e formas são povoadas de intenções. (Bakhtin 1988b, p. 100)

No processo de constituição da consciência, a palavra alheia se torna palavra própria, mas os valores ideológicos e as histórias em confronto permanecem tensos na língua (*ibid.*). Contudo, quem apreende a palavra do outro não é mudo, tem réplicas, contrapalavras. No lugar de réplica, as professoras continuam a ser chamadas de tias/meninas, naturalizando a expressão e demarcando um papel social não profissional, significado expresso na ideologia do cotidiano com as palavras "menina" e "tia", nem professoras nem mulheres. Que padrões de autoridade e autonomia são constituídos?

As falas evidenciam o papel das secretarias de educação na formação. Algumas justificam não ter políticas de formação pelo pequeno número de professores na rede, outras, pelo grande número de professores e escolas. Cursos, encontros, oficinas, palestras indicam formação sem continuidade, esporádica, sem reflexão dos professores sobre a prática. As condições são precárias, sem tempo para formação dentro ou fora do horário de trabalho.

Os diretores não planejam nem participam da formação, que parece resultar de esforços pessoais. As entrevistadas ressaltam seu pioneirismo e sua importância pessoal (inauguraram a educação na cidade, protagonizaram a mudança) como sujeito individual, não coletivo, como se, antes de chegarem à rede pública, não houvesse nada. Mudar sem formar diretores?

Algumas entrevistadas falaram de mudança, da "provisoriedade e instabilidade" da prefeitura, da necessidade de "dar um sacode no pedagógico, desacomodar", de que é "mais fácil não saber, porque aí eu tenho pouca responsabilidade". Para uma coordenadora: "Às vezes, os professores não falam não porque não tenham vontade ou não estejam prestando atenção. [O professor] ainda não se apropriou da liberdade de estar falando".

A pesquisa aponta a urgência de políticas públicas de formação: tornar a experiência contável (Benjamin 1987a), para que seja recontada e ressignificada pelos professores, entendidos como produtores de história, cultura, linguagem (Kramer 1993). O processo de formação precisa estar aberto a criação, inovação e participação, a fim de favorecer conhecimentos *com* sentido para os professores e para as crianças. Na modernidade, a experiência humana se torna medíocre pelo declínio da arte de narrar. Pelos relatos, a experiência é substituída por técnicas, métodos e recursos baseados em trocas empobrecidas, o que dificulta a autonomia e a autoridade no exercício do trabalho docente.

Com o foco nas relações entre crianças e adultos

Em 2005, centramos o foco nas práticas e interações entre crianças e adultos para compreender relações de autoridade e circulação de preconceitos. Foram pesquisadas 21 instituições públicas na cidade do Rio de Janeiro. Estudos de caso foram conduzidos em três creches, três escolas de educação infantil e três escolas de ensino fundamental, com observações, entrevistas e fotografias (Kramer 2009).

As crianças e a infância

Desde os anos 1980, universidades, movimentos sociais e políticas públicas viveram intensos debates conceituais sobre infância que impactaram propostas curriculares, gestores e professores. As crianças passaram a ser vistas como produtoras de cultura produzidas na cultura, constituídas com base em classe social, etnia, gênero e por diferenças físicas, psicológicas e culturais. Crianças brincam, aprendem, criam, sentem, crescem e mudam ao longo do processo histórico que constitui a vida humana; dão sentido ao mundo, produzem história, recriam a ordem das coisas, estabelecem uma relação crítica com a tradição.

A criança supera sua condição natural com a linguagem. O desenvolvimento cultural da criança implica construir sua história pessoal no âmbito da história social. Na interação social, as dimensões cognitiva e afetiva não podem ser dissociadas. Quando interagem, as crianças aprendem, formam-se e transformam; como sujeitos ativos, participam e intervêm na realidade, suas ações são maneiras de reelaborar e recriar o mundo. Aos adultos, cabe a função de mediação: "O desenvolvimento do pensamento e da linguagem depende dos instrumentos de pensamento e da experiência sociocultural da criança" (Vygotsky 2001, pp. 148-149). O papel do outro é fundamental na constituição do eu e no desenvolvimento e nas aprendizagens que o sujeito faz ao longo da vida. Esses processos constroem realidades individuais e históricas. A criança constitui seu *eu* com base em outros *eus*, em uma subjetividade dialógica. Desde bem pequenas, criam e imaginam, expressando desejos e emoções (Vygotsky 2009).

Além disso, a criança tem dupla inserção na sociedade: estrutural (cada geração) e concreta (cada sujeito histórico). Crianças da mesma faixa etária sofrem ações da estrutura social em que estão inseridas e, nas interações com seus pares e com os adultos, recriam as culturas em que estão inseridas (Sarmento e Gouvea 2008).

No Brasil, segundo o *Estatuto da criança e do adolescente* (Brasil 1990), as crianças têm direito a atenção, proteção, vida e saúde, com políticas públicas que permitam "o nascimento e o desenvolvimento sadio e harmonioso, em condições dignas de existência" (*ibid*., p. 9). Elas "têm direito à liberdade, ao respeito e à dignidade como pessoas humanas em processo de desenvolvimento e como sujeitos de direitos civis, humanos e sociais garantidos na Constituição e nas leis" (*ibid*., p. 11). É inadmissível qualquer tipo de violência (física ou simbólica) ou negligência contra a criança.

A legislação define o currículo da educação infantil como um "conjunto de experiências culturais nas quais se articulam os saberes da experiência, da prática (fruto das vivências das crianças) e os conhecimentos que fazem partem do patrimônio cultural, na perspectiva da formação humana" (Brasil 2009d, p. 9). As crianças de todas as raças/etnias, religiões, classes sociais, origens, locais de moradia, gêneros, independentemente da condição dos pais, têm direito a educação de qualidade, que amplie seu desenvolvimento, universo cultural e conhecimento do mundo físico e social, a constituição de sua subjetividade, que favoreça trocas e interações. As práticas educativas devem respeitar e acolher as crianças em suas diferenças e deficiências, pois elas são cidadãs de direitos a proteção e participação social. A linguagem e a brincadeira são articuladoras entre saberes e conhecimentos. Adultos e instituições devem favorecer a brincadeira, experiência de cultura e forma privilegiada de expressão da criança. A infância é conceito histórico e categoria social. Com esse referencial, buscamos conhecer as práticas e interações entre professores e crianças.

Os adultos e as crianças

Observar interações de crianças em contextos institucionais nos quais a presença e a intervenção dos adultos são constantes pode parecer desfavorável para a pesquisa. Vários estudos delimitam a observação das brincadeiras infantis a horários de recreio ou espaços sem proposição direta dos adultos. Nosso projeto enfrentou o desafio de observar crianças no cotidiano das instituições. Às vezes, o trabalho docente trouxe obstáculos: foi preciso ver/ouvir crianças pouco incentivadas a atuar e falar, conduzidas por adultos, transpondo a invisibilidade imposta pela instituição, como se ali não houvesse crianças.

O desafio foi ter olhar e escuta sensíveis, entender a linguagem para além do dito, compreender significados do corpo e dos movimentos, das tensões e apreensões, os sentidos do choro, do riso, das disputas, do carinho, da raiva, da partilha. Nas instituições observadas (Kramer 2009), conflitos se originaram nas relações entre crianças e adultos e na disparidade das interações entre crianças e entre crianças e adultos. Nem sempre gostamos do que vimos, nem sempre gostamos dos nossos sentimentos e modos de reagir ao que era visto e ouvido.

Em muitas instituições, as crianças estavam visíveis (Barbosa 2004; Guimarães 2008); em outras, a invisibilidade era marca. Limites impostos pelos adultos cerceavam interações, e nos angustiou não ver crianças brincando. Suas ações ficavam restritas a conversar, cantar, controladas até em festas, sem poder dançar, correr ou encostar umas nas outras. Aportes teóricos da teoria crítica da cultura, antropologia e sociologia da infância pairavam sobre elas, largos demais.

O cuidado das professoras foi observado em situações de aprendizagem ou cognição, no planejamento e na condução das atividades, mas a rispidez no trato com as crianças, os castigos, os gritos, as brigas, a impaciência, as humilhações, o mau humor, o desânimo, o descaso e o cansaço foram constantes. Professoras circulavam com a bolsa pendurada nos ombros, signo que denuncia a escola como lugar de passagem, como se estivessem prontas para ir embora a qualquer momento. Falavam ao celular enquanto estavam com as crianças.

Algumas creches ou escolas têm espaço amplo. Já em outras, o espaço está deteriorado, com salas trancadas com cadeados. Em muitas, não existe sequer hora de recreio.

Nas interações, as crianças revelaram seu conhecimento da realidade social, reconhecimento dos limites ou da injustiça de certas práticas escolares, sensibilidade quanto a temas como morte, família, medo, ser criança. Seus discursos e desenhos revelaram modelos diferenciados de família: famílias estendidas com filhos de vários casamentos, diferentes gerações e classes sociais em lugares físicos, geográficos, sociais e culturais diversos.

As interações dos adultos com as crianças explicitaram contradições: o controle do corpo infantil, a moralização das relações, o constrangimento expresso nas palavras com ironia ou deboche, bem como carinho e riso. A despeito de avanços teóricos, mudanças nas políticas públicas e nas propostas curriculares, predominaram práticas instrucionais voltada ao ensino, mesmo com crianças bem pequenas (Kramer 2009).

As interações entre adultos eram tensas: práticas de autoridade paternalista regem relações entre gestores e professoras, cuja conduta infantiliza e desautoriza as famílias.

Havia preconceitos contra a criança, desconhecimento de sua alteridade, imposição de normas sem explicação, esquecimento de seus nomes pelas professoras, que as chamavam usando "ei, menina!", "psiu", "ei, vem cá", "você, menina, chama aquela outra". As mães eram chamadas pelas professoras de "mamãe", "mãe", "tia", "menina", em lugar do nome próprio. O anonimato está naturalizado, a identidade desapropriada.

Se, de uma perspectiva macro, do ângulo das políticas e das relações com as secretarias de educação, é difícil o trabalho docente, de uma perspectiva micro, do ângulo de práticas e interações com as crianças, o trabalho docente se complexifica. Há professores que, apesar da escola, do contexto e das condições, encontram energia, conhecimento e serenidade para exercer seu direito ou poder de agir. Porém os processos de formação e mudança curricular não podem contar com qualidades pessoais: professores abnegados, carisma e *expertise* não substituem o aprendizado da autonomia e da autoridade.

Por entre as urgências e sutilezas da ação escolar

Um tema que emerge das pesquisas é a fragilidade dos adultos e seu equilíbrio. As crianças parecem pedir ação firme de professores e gestores que ou impõem, quando poderiam dividir com a criança, ou exigem demais, quando deveriam poupá-la. Os adultos controlam, conduzem as crianças ou não intervêm, têm medo de estabelecer regras, fazer acordos. Abrem mão de sua autoridade e cedem seu lugar, resta o confronto ou o descaso. Há adultos que castigam; outros deixam transgressões sem sanção, tampouco escutam, desocupam seu lugar, tratam a criança como companheira quando ela não tem condição de ser companheira e não assumem seu papel de adultos quando as crianças precisam aprender condutas, práticas e valores que só vão adquirir se iniciadas pelos adultos. A indiferença parece ocupar o lugar da diferença (Bazílio e Kramer 2003).

Atuar na gestão com autonomia e autoridade onde há desânimo e desesperança exige limites e firmeza. Muitos professores deixam de exercer autonomia e autoridade, parecem solitários e estranhos em meio a influências, pressões, relações instáveis. Autonomia e autoridade podem ser ensinadas nos processos de formação, um aprendizado que consiste em ler e escrever o mundo, inscrever-se no mundo, imprimindo as marcas pessoais e profissionais que nos constituem como seres humanos e sociais.

Desde os anos 1990, há descentralização nas políticas educacionais e reformas curriculares: conselhos com autoridade deliberativa e decisória, participação da comunidade escolar na escolha de diretores e repasse direto de recursos financeiros às unidades escolares contribuem para uma escola autônoma e democrática. Os problemas identificados nas pesquisas macro e micro permitem dizer que tais mudanças não se concretizam nos municípios estudados.

Um ponto de estrangulamento é a falta de formação de gestores de escolas e equipes de secretarias de educação. Sem esse espaço institucionalizado, os laços para construir autoridade se tornam frágeis e escassas as formas de obter e consolidar a autonomia. As pesquisas apontam a urgência da intervenção na gestão e formação de professores que favoreça a formação cultural e a emancipação; uma formação que considere as sutilezas do trabalho docente e as interações estabelecidas entre adultos e crianças no cotidiano escolar, na construção de um currículo que garanta conhecimento do mundo e reconhecimento do outro.

As transições entre a educação infantil e o ensino fundamental precisam ser o foco de um currículo que assegure que as instituições produzam nas crianças o desejo de aprender, confiando nas próprias possibilidades de se desenvolver de modo saudável, prazeroso, competente e livre. Quem confiaria em um mestre-escola que declarasse a dominação das crianças pelos adultos como o sentido da educação? (Benjamin 1987b, p. 69).

3
LÍNGUA, DIVERSIDADE, DESIGUALDADE E PRECONCEITO

> *É mais fácil quebrar um átomo do que um preconceito.*
> Albert Einstein

São as condições econômicas, sociais, políticas e culturais que, em uma perspectiva histórica, produzem a diversidade, a desigualdade e o preconceito. Mas, nos processos educacionais, a linguagem – possibilidade de expressão humana – e as línguas – formações culturais materiais – carregam, veiculam, disseminam o preconceito, em suas mais variadas formas, no âmbito da cultura e das relações cotidianas.

Analisando a concepção de linguagem, Bakhtin (1988a) pergunta: o que é a linguagem? O que é a palavra? Sua linguística discursiva ressalta a presença, na língua, dos ditos e não ditos, da expressão e entonação. Para Bakhtin, as palavras carregam sempre um sentido ideológico e vivencial que as torna diferentes da palavra do dicionário. Assim, interessa a corrente da comunicação verbal, o discurso, a prática viva da língua.

Bakhtin (*ibid.*) opunha-se às duas correntes distintas sobre linguagem que oscilavam da materialidade extrema à imaterialidade. De um lado, a língua era tomada como objeto e analisada em suas partes; de outro, era concebida como produção subjetiva, vinculada apenas à dimensão individual. O autor elaborou uma nova síntese dessa tensão, propondo que a língua é objeto material, produzida, expressa e apropriada por um sujeito individual capaz de criar. Concepção materialista, dialética e histórica da linguagem significa que a linguagem é dialética, produzida entre a materialidade e a subjetividade. As línguas – atualizações e concretizações da linguagem – são produzidas na história. Os sujeitos também.

Em contrapartida, segundo esse autor, a palavra tem franjas nas quais se penduram os vários sentidos a ela atribuídos nos diversos momentos da história e dos contextos em que circulou ou atravessou. Na prática viva da língua, uma mesma palavra carrega diferentes sentidos adquiridos em sua história. Essa polissemia da palavra é um conceito crucial para compreendermos a dinâmica das relações entre as pessoas e as línguas que falam.

Tomemos as palavras "creche", "negro" e "tia" como exemplo. "Creche" tem sentidos diversos (depósito de crianças, espaço de cuidado, educação, brincadeira), que refletem as mudanças da instituição ao longo da história e os diversos sentidos que coexistem ainda hoje quanto ao que é a creche, suas ambiguidades e contradições. A palavra "negro" traz a marca da escravidão, do racismo estrutural da sociedade brasileira e de discursos e práticas que a legitimam. A língua absorve e expõe a dimensão negativa presente em expressões tais como câmbio negro, mercado negro, passado negro, ovelha negra, denegrir, entre tantas outras que mostram o preconceito vivido. A história presentifica os sentidos quando a língua incorpora essa dimensão, e os sujeitos falantes não podem sequer identificar o caráter ideológico do signo e o racismo da língua que falam. Por sua vez, a palavra "tia" usada como substituição à palavra "professor" expressa a desvalorização dessa profissão. A desprofissionalização da professora, que foi historicamente reduzida da condição de Dona (equivalente a Dom, título de nobreza) à de tia – irmã, parente ou amiga da família –, desloca, despolitiza a atuação da esfera pública para a privada e, ao fazê-lo, dilui o seu valor.

A interpretação da linguagem evoca, assim, os modos de compreensão do sujeito a partir de uma materialidade dada. A ambivalência dialética traduz-se na convivência do arbitrário da língua com o seu caráter de expressão individual. A enunciação, para Bakhtin, é o processo de produzir sentido no discurso. O interlocutor é sempre capaz de réplica, de contrapalavra, o que dá à linguagem seu caráter de acontecimento e diálogo (Bakhtin 1988a).

A corrente da comunicação e sua força ideológica impregnam a linguagem, a consciência e as ações humanas. A presença de preconceitos na linguagem produz preconceitos mesmo se e quando o falante não percebe as teias e tramas que o produzem. Aqui, mais do que um emissor, uma mensagem e um receptor – os três componentes da linguagem para a teoria da comunicação –, o processo é dialógico e ideológico. Falantes e ouvintes têm direito à réplica, e o que resulta desse processo é o sentido fornecido pela interação entre os três componentes. A linguagem, sendo material e instrumento de si mesma, tem história e nunca é neutra. Os preconceitos, produzidos e reproduzidos na linguagem, são (ou precisam ser) superados também na linguagem.

Diversidade das línguas e nas línguas

Todas as línguas são constituídas de diversidade, esse é o princípio da sociolinguística; todas as línguas têm variações. E o que faz com que uma variação seja considerada padrão não são razões linguísticas, mas políticas e econômicas. Ora, as variações da língua – importantes no que se refere ao ensino e à aprendizagem – são de diversas ordens: de origem geográfica (dialetos), de classe, sociais (grupos etários, profissionais, ocupacionais etc.), variações individuais. E o preconceito social se agarra na linguagem: basta observar significados (câmbio negro, ovelha negra, mercado negro, programa de índio, judiar), práticas (formas femininas de nomes masculinos, diminutivos, entonações) ou formas consagradas e arbitrárias da língua. Mas o preconceito linguístico marca a história do ensino da língua e se manifesta ainda em relação às formas de falar que não correspondem à variação padrão. Muitos professores julgam que as crianças precisam aprender a falar de acordo com a variação padrão para aprenderem a escrever corretamente e, em nome da correção, transmitem preconceitos linguísticos e dificultam o processo de aprendizagem da escrita (Bagno 1999). As pessoas costumam rir diante da fala diferente de migrantes ou pessoas pobres. Uma variação de origem geográfica se torna variação de classe social: "a fala dos paraíbas" no Rio ou em São Paulo. E se ri também das crianças, principalmente e infelizmente, na escola.

O preconceito em relação à língua se encontra arraigado entre professores que consideram que, para escrever certo, é preciso falar certo, como se houvesse uma só forma de falar uma língua e como se a variabilidade não fosse a marca. As crianças, os jovens e os adultos têm o direito de falar como falam e de ter acesso à leitura e à escrita padrão, a escrever corretamente. É papel da escola e das demais instâncias da vida social e cultural garantir esse direito e trabalhar pela formação cultural de todos, com acesso a literatura, cinema, pintura, teatro, artes plásticas, música, fotografia, favorecendo a expressão e a produção linguística, artística e cultural. Isso nos leva a indagar: quantos, em contextos de desigualdade como o que vivemos, estão incluídos nesse "todos"?

Tratar de educação se refere à dimensão pedagógica, mas também política e ética, à opção, às escolhas que fazemos: no caso da realidade brasileira, essa opção está marcada pela posição que ocupamos e nos colocamos em relação à igualdade e à diferença, como tratamos essas questões. Todo projeto educacional precisa atuar contra a desigualdade, reconhecendo as diferenças.

Desigualdade social e papel da escola

A sociedade é desigual: precisamos afirmar a igualdade e combater a desigualdade. Mas contestar a desigualdade não se confunde com denunciar o não reconhecimento das diferenças. E é importante fazer essa distinção, porque no limite a desigualdade extrema, a falta radical de igualdade é a escravidão, situação em que as pessoas perderam de tal forma a propriedade que não são sequer donas de si, de seu corpo. Já o não reconhecimento das diferenças – étnicas, religiosas, de gênero, de orientação sexual, de idade, de posição – significa a discriminação e a exclusão e, no limite, a eliminação. O exemplo drástico do nazismo revela a face desumana de homens que eliminaram pessoas com deficiências físicas e mentais, negros, judeus, ciganos, homossexuais. A face não humana de quem visa o extermínio.

Dada sua dimensão política, todo projeto de educação deve afirmar a igualdade: crianças, jovens e adultos são cidadãos, têm direitos, pertencem a diversas classes sociais e têm, ainda, uma situação de desigualdade que precisa ser superada. Ao mesmo tempo, todo projeto de educação deve reconhecer as diferenças. Essa dimensão política da educação pode ser identificada na luta dos movimentos sociais em defesa do reconhecimento das diferenças, dos direitos das mulheres, dos homossexuais, das populações indígenas, dos negros, dos direitos da infância. Mas, além de afirmar o direito à igualdade de todas as pessoas e reconhecer o direito à diversidade (seus vários pertencimentos), é preciso que as práticas cotidianas considerem, respeitem, valorizem essas diferenças.

Do ângulo da dimensão pedagógica, a escola brasileira tem historicamente grande dificuldade de lidar com as diferenças. Há racismo e preconceito na escola – e muito. Trata-se de uma instituição que busca homogeneidade (remanejamentos etc.); tem perfil definido de bom aluno, bom professor; acredita que existe um melhor método, uma única melhor maneira de ensinar isto ou aquilo ou uma melhor teoria; tem especial apego a escalas de desenvolvimento, a padrões de aprendizagem; padroniza, uniformiza, tem nas grades curriculares a base de seu trabalho; separa, segrega, desagrega, valoriza a delação, a desunião, a premiação e o castigo.

É possível fazer diferente desde que a escola aprenda a lição de que a heterogeneidade é riqueza, e não obstáculo. Encontramos manifestações de preconceitos de diversos tipos na vida cotidiana e, como parte da vida, na escola. Encontramos manifestações de valorização da diversidade, de respeito mútuo e construção coletiva no enfrentamento dos preconceitos.

Na medida em que a diversidade constitui a humanidade, toda aversão ou rejeição a uma marca física, de raça, cultura, etnia, religião, gênero, orientação sexual, posição política é expressão de preconceito. E, no campo da educação, ao lado de compreender por que tais condutas são geradas, é igualmente necessário impedir o preconceito de modo que a diversidade seja entendida como riqueza, e não como erro, defeito, desvio ou obstáculo, mas como parte de cada um de nós e da nossa humanidade.

Trazer o físico Albert Einstein, que formulou a teoria da relatividade, para iniciar este capítulo com a conhecida expressão "é mais fácil quebrar um átomo do que um preconceito", teve o objetivo de destacar a delicadeza e as dificuldades presentes nas relações estabelecidas com fatos e pessoas, conhecimentos aprendidos, significados e valores atribuídos, afetos trocados. Na vida cotidiana, preconceitos circulam nas creches e escolas; muitas geram exclusão, discriminação, eliminação. Enquanto se luta para conquistar condições concretas para uma escola de qualidade para todos, o desafio mais sério que precisamos enfrentar é um dos mais pesados e difíceis problemas da nossa própria condição humana: o apagamento das diferenças, o não reconhecimento de que aquilo que caracteriza a singularidade dos seres humanos é justamente a pluralidade. Preconceitos são expressão de desumanidade. Para atuar contra o preconceito, precisamos de uma escola que tenha a história como conteúdo, como conhecimento central. A forma? Uma escola humana, que resgata na linguagem a história, seus rastros, suas marcas, toma todos – crianças e adultos, alunos, alunas, professoras, professores, funcionários, funcionárias – como produtores da história e produzidos na história e na cultura, como criadores de cultura, não só a de cada um dos nossos grupos, mas também a história que coletivamente nos constitui.

Para isso, é preciso rememorar a história – a de cada um e a de todos nós –, conhecê-la e estudá-la, desatando a linguagem amordaçada. Muitas iniciativas têm tentado resgatar histórias de grupos, povos, pessoas, classes sociais; refazendo as trajetórias, velhos sentidos são recuperados e as histórias ganham outras configurações (Kramer 2003). Os profissionais da educação precisam discutir o racismo e seus próprios preconceitos, tema que, com frequência, não tem sido reconhecido como legitimamente pedagógico.

Ao enfrentar preconceitos, a escola pode contribuir na construção da identidade – a de cada qual e a de todos nós – e no conhecimento crítico de crianças, jovens e adultos, ajudando a nunca esquecer a história e a resgatar aquela que foi esquecida para que se torne possível, mais do que sempre, mudar a história. Uma pedagogia que pretenda construir uma perspectiva humana e, portanto, necessariamente intercultural, deve priorizar o conhecimento do mundo e o reconhecimento do outro. Como diz Bakhtin, a sensibilidade estética, o conhecimento e o agir ético são dimensões que constituem as ações e os discursos humanos. Devemos cuidar dessas três dimensões ao lidar com educação, diversidade e preconceito, a fim de que, para nós, quebrar um preconceito seja mais fácil do que quebrar um átomo.

4
LEITURA, ESCRITA E CULTURA: DESAFIOS DA FORMAÇÃO

Muitas políticas de leitura vêm sendo desenvolvidas nas últimas décadas no Brasil. Ainda que com problema de falta de equipamentos – sobretudo bibliotecas públicas –, é inegável a ampliação do acesso a livros literários. Ao mesmo tempo, porém, muitas pesquisas indicam a permanência de altos índices de analfabetismo entre jovens de 15 anos ou mais. Da mesma forma, também é alto o analfabetismo funcional de crianças, jovens e adultos que frequentaram escolas, tiveram professores que lhes ensinaram a ler e escrever, mas não aprenderam a usar a leitura e a escrita de forma instrumental no cotidiano nem a desfrutar da literatura. "Os alunos não gostam de ler" é queixa comum dos professores de ensino fundamental, médio ou superior. "Os professores não gostam de ler" é observação comum de gestores e pesquisadores. Ambos os tipos de relato denunciam uma formação que não deu conta de assegurar a todos o direito à educação de qualidade.

Esses problemas constituem o pano de fundo deste capítulo, cujo objetivo é refletir sobre o trabalho com a literatura – a nosso ver, um dos aspectos mais importantes da formação de crianças, jovens e adultos, e até mesmo de professores. Os problemas não são novos, como não são novas as reflexões e indagações que compartilhamos com o leitor.

Leitura e escrita: Algumas reflexões e indagações

Apesar de se falar tanto de leitura e escrita, a escola brasileira produz não leitores, pessoas que não gostam de ler e não querem escrever? Essa indagação acompanha nossa trajetória de professora e pesquisadora. Será que a escola perdeu seu sentido cultural, sua função social, seu papel humanizador, por não oferecer condições objetivas para práticas de leitura e de escrita?

O mundo contemporâneo e também a escola parecem muitas vezes desagregar, em vez de agregar ou congregar, as relações entre professores, alunos, funcionários e famílias. Nesse contexto, o gosto de ler e a vontade de escrever – construídos como ações para si e para o outro – se vinculam à possibilidade de resgate da dimensão cultural da escola e do seu papel fundamental para a concretização de uma política de emancipação cultural e de participação efetiva da população na criação e na produção da cultura, e não apenas no seu consumo ou na sua reprodução.

Aqui se situa a importância da leitura como experiência (Benjamin 1987a). Mais do que passatempo, trata-se de algo que vai além do seu tempo de realização, do tempo vivido. É a narrativa, o relato para o outro que torna a vivência uma experiência. O leitor leva rastros do vivido no momento da leitura para depois ou para fora do momento imediato – isso torna a leitura uma experiência. Sendo mediata ou mediadora, a leitura permite ao leitor pensar, ser crítico, relacionar o antes e o depois, entender a história, ser parte dela, continuá-la e modificá-la. Contudo, a vida contemporânea se caracteriza pela falta de tempo, até mesmo para ler e escrever.

Em geral, as leituras, se feitas na juventude ou na maturidade, impressionam de modo diferente aquele que lê, ainda que suas ideias e ações, seus sentimentos e valores estejam em desenvolvimento. No entanto, na vida contemporânea, há tempo para leituras que sirvam como experiência? Há livros disponíveis e políticas culturais que as favoreçam? Levar algo da leitura para além do seu tempo: aí reside a dimensão da experiência. Tal experiência é o processo de leitura ou de escrita (o ato, a prática, a forma) que engendra a reflexão de um coração informado sobre aspectos fundamentais da vida humana; uma leitura compartilhada daquilo que a gente pensa, sente ou vive; uma leitura que provoca a ação de pensar e sentir criticamente as coisas da vida e da morte.

Compreender a leitura com esse olhar tem implícitos valores desprezados pela sociedade contemporânea – generosidade, solidariedade e coletividade –, que enfatiza o culto do indivíduo, suas necessidades e sua esperteza em levar vantagem, obter lucros pessoais e ganhar poder.

Quando pensamos na leitura como experiência (na escola, na sala de aula ou fora delas), referimo-nos a momentos em que fazemos comentários sobre livros ou revistas que lemos. Situações em que, tal como uma viagem, uma aventura, falem-se de livros, poemas ou personagens, compartilhando sentimentos e reflexões, plantando no ouvinte a coisa narrada, criando um solo comum de interlocutores, uma comunidade.

O que faz da leitura uma experiência é entrar nessa corrente em que ela é partilhada e na qual tanto quem lê quanto quem propiciou a leitura crescem. Defendemos a leitura da literatura, da poesia, de textos que têm dimensão artística, não por erudição. Não é o acúmulo de informação sobre clássicos, gêneros ou estilos que torna a leitura uma experiência, mas seu modo de realização – se é capaz de provocar a reflexão para além do momento em que acontece; se ajuda a compreender a história contada nos livros.

Outra indagação é central quanto à formação: é possível mudar a direção e o sentido de uma história em que as pessoas se acostumaram a não ler nem escrever (Kramer 1993)? Como reverter uma situação em que professores – pessoas a quem é atribuída socialmente a tarefa de iniciar crianças, jovens e adultos na leitura e na escrita – não são leitores?

Professores que não aprenderam a gostar de ler podem se tornar leitores? Consideramos que sim, com base em experiências coletivas de leitura de livros literários e de rememoração da história vivida – em especial, das histórias e da escrita. A consciência da trajetória percorrida e das relações estabelecidas com os textos permite que novos significados sejam encontrados e que haja mudança. Apreciar um texto, uma pintura, uma fotografia resulta de um percurso na história, no interior de relações e interações entre sujeitos, objetos e artefatos culturais.

Educação e formação: O desafio de conhecer o mundo e reconhecer o outro

Com frequência, deparamo-nos com pessoas que riem da desgraça do outro – um "público" que parece ter perdido a condição de cidadania ou nunca tê-la exercido. Perguntamos: estão nossas crianças e nossos jovens aprendendo a rir, a humilhar, a não se sensibilizar com a dor? Estão sendo lentamente desumanizados? Perderam a experiência e a capacidade de narrar? Embora esse processo venha de longe, ele se agudizou neste século. No livro *Educação e emancipação*, Adorno (1995, p. 119) alerta: "A exigência de que Auschwitz não se repita é a primeira de todas para a educação". E adiante (*ibid.*, p. 123):

> Quando falo de educação após Auschwitz, refiro-me a duas questões: primeiro, à educação infantil, sobretudo na primeira infância; e, além disto, ao esclarecimento geral, que produz um clima intelectual, cultural e social que não permite tal repetição; portanto, um clima em que os motivos que conduziram ao horror tornem-se de algum modo conscientes.

Mas é possível uma educação crítica da cultura? Como pensar a formação em uma direção em que se repense o passado, a mixórdia da cultura, como dela falava Benjamin (1987a)? Como atuar de uma perspectiva de formação cultural crítica, sem perder de vista que a cultura se construiu e fortaleceu como monumento de barbárie? Como manter a utopia e a esperança de ter justiça social, solidariedade, generosidade, a não ser atuando na direção contrária à dominação, à cultura legitimada como correta, garantindo a liberdade do diálogo?

Trabalhar com linguagem, leitura e escrita pode ensinar a utopia e favorecer a ação de uma perspectiva humanizadora que convide à reflexão e a pensar sobre o sentido da vida individual e coletiva. Essas questões remetem à responsabilidade social que temos, no sentido de provocar – como propõe Adorno (1995) – a autorreflexão crítica, para que se torne possível adquirir consciência da indiferença pelo outro.

Em contrapartida, sabemos que a humanidade não resolveu seus mais básicos problemas de aceitação do outro, de reconhecimento das diferenças e de garantia da pluralidade. É contra a injustiça e a desigualdade que marcam a história humana que precisamos direcionar as ações educacionais e culturais. Devemos resistir a um cotidiano presente e a uma história passada de dor e opressão. E dizemos isso não por supor que a leitura literária possa funcionar como uma panaceia, mas em razão de uma ideia fixa que nos persegue. Continuamos a assistir a uma brutal diminuição da capacidade de indignação, resistência e crítica, a uma atroz desumanização e perda de valores. O avanço científico e tecnológico tem servido para manter a desigualdade, em vez de contribuir para melhorar as condições de vida da maior parte da população.

Educar os jovens nesse contexto é um dos nossos desafios. Por trabalharmos com leitura e formação, com literatura e poesia, este precisa ser o nosso horizonte: humanização, resgate da experiência humana, conquista da capacidade de ler o mundo, de escrever a história coletiva, de se expressar, criar e mudar.

Tornamo-nos professores de melancolia? Com inspiração no conto *Um apólogo*, de Machado de Assis (2003, pp. 280-282), que trata da difícil relação de uma agulha com uma linha – na qual cada uma diverge sobre a importância da outra –, perguntamos: a que tipo de linha temos servido? A que projeto de educação? A quem deixamos ir ao baile? Não nos agrada servir a linhas ordinárias e não acreditamos em saídas mágicas. Mas, além de indagar aos alunos o que leem, indagamos a nós, professores: o que lemos? Quais têm sido nossas experiências de leitura? De que modo elas têm colaborado para nos tornarmos leitores do mundo, dos livros, dos textos? É possível transformar nossos alunos crianças, jovens e adultos em leitores e escritores se não somos, nós mesmos, leitores? Que práticas de leitura e escrita temos realizado com eles?

Ainda algumas questões

Ler, desenhar, pintar, escrever, brincar, dançar, tocar instrumentos, criar. A educação infantil pode desempenhar papel importante na formação de leitores. Esse papel precisa ser assumido por professores e gestores da educação infantil e do ensino fundamental, para que as propostas pedagógicas realizadas muitas horas por dia não sejam desperdiçadas, mas contribuam para uma trajetória de leitores críticos, criativos. Dessa forma, em um ambiente saudável, alegre e cheio de livros literários de qualidade, as pessoas poderão aprender umas com as outras a se expressar, a ler e compreender a história do outro.

Também nos ensinos fundamental, médio e superior, as práticas de leitura literária devem ser centrais. É necessário que não sejam mecânicas e instrumentais, e sim convites à leitura e à escrita, assegurando condições de acesso aos livros, bem como espaço e tempo para narrativa e rodas de leitura, constituindo-as como experiências de conhecimento do mundo e de reconhecimento do outro.

PARTE 3

PROJETO, VISÃO DE MUNDO E RESPONSABILIDADE

1
CONTRIBUIÇÕES DE MARTIN BUBER PARA A REFLEXÃO SOBRE/DO HOMEM CONTEMPORÂNEO[1]

Um dos maiores pensadores do século XX, com uma obra vasta, instigante e que influenciou filósofos no mundo inteiro, Martin Buber contribui para a reflexão sobre o homem contemporâneo e do homem contemporâneo. Sua atualidade permite pensar o reconhecimento do outro e de sua alteridade como engajamento responsável, ato ético singular e irrepetível, bem como indagar: como construir um diálogo autêntico em um contexto de monólogo disfarçado de diálogo? Como conciliar instituições e sentimentos, vida pública e particular em um mundo em que tantos não são vistos como humanos? Este é, pois, um capítulo a propósito de como Buber ajuda a pensar, sentir e agir, em especial diante de relações entre adultos, jovens e crianças em que não há diálogo, presença, encontro, intenção, escuta, acolhimento nem recepção.

---

1. Este texto foi publicado em H. Lewin (org.) (2013). *Judaísmo e cultura: Fronteiras em movimento*, v. 1. Rio de Janeiro: Imprimatur, pp. 581-589.

São três os focos dessa fala, produzida do lugar de quem atua, pesquisa e busca influir nas políticas, na formação e nas práticas educacionais. O primeiro foco mostra cenas observadas na rua, em espaços culturais e na escola. O segundo traz conceitos de Buber que ajudam a compreender o que vemos e vivemos. O terceiro aponta o que ficou de fora.

A ligação com a literatura pode ser encontrada no vínculo entre arte e vida. Para Bakhtin (1976), é da vida que a arte retira sua matéria e seu material.

Cenas que vi ou vivi são motivos para a reflexão

Criança, mãe e avó caminhando pela rua. A avó segura a ponta de uma coleira. A outra ponta envolve a barriga da criança. Não me contenho e digo "coitada dessa criança". Recebo uma resposta desaforada da avó. A mãe, uma jovem com cerca de 20 anos, pergunta: "O que foi que ela disse?". De longe, escuto a avó dizer: "Eu devia amarrar era ela".

Entrada de escola, uma menina chega. O pai vai embora. A professora vê a menina e a interpela: "Você tem que ficar lá fora". A menina responde: "Meu pai já foi embora", e segue a professora, que vai até a secretaria beber água. A professora insiste: "Não, você tem que ir lá para fora". A menina vai até a secretaria e volta preocupada. A professora repete: "Já falei, não pode ficar aqui". A menina volta a dizer: "Mas o meu pai já foi". A professora sobe para a sala. A menina anda até a porta onde está a diretora substituta, recebendo o primeiro grupo de crianças. "Já não falei que você não pode ficar aqui? Vá para dentro, anda, vamos logo. Saindo!" A menina fica sem saber o que fazer, senta no banco em frente à porta, ao lado de uma senhora. Fica sentada encolhida, cada vez mais perto da senhora. Toca o sinal. A professora desce, como se nada tivesse acontecido, e chama a menina para a forma: "Vamos".

Um menino e sua avó materna chegam ao conselho tutelar, trazidos por policiais. Doze anos; ele se envolveu em uma briga na escola. Agrediu uma menina. Os pais dela deram queixa na delegacia! A delegada os convenceu de que o menino precisava de ajuda, não de punição, e o encaminhou para o conselho tutelar. O menino mora com a mãe, o irmão e o padrasto. A mãe trabalha muito, não tem paciência, bate nele por qualquer coisa. A avó conta que a agitação e a agressividade aumentaram. Brigas frequentes na escola; os professores não sabem o que fazer com ele. A psicóloga da escola o encaminhou para um hospital. Foi atendido. Não prosseguiu o atendimento, porque foi morar com um parente, que, um ano depois, mandou-o de volta em razão dos conflitos em que se meteu na cidade. O menino disse que a mãe não o compreende e que só se mete em confusão porque os outros o provocam. A menina que ele agrediu o chamou de *gay*. Disse que não é *gay* e que não vai ficar ouvindo brincadeiras ofensivas. A avó, em conversa com a conselheira tutelar, disse que ele tem medo de ser *gay* e ser rejeitado pela mãe. A conselheira e a assistente social pediram retorno ao atendimento no hospital.

Escola pública: criança se suja. A professora vocifera: "Você é uma porca".

Clube de classe média. Na piscina, um pai puxa o calção do filho para baixo, porque o menino (com cerca de dez anos) estava com medo de levar caldo.

As cenas doem, como muitas que enchem a mídia. Criança encontrada amarrada na mesa de casa, criança atirada pela janela, deixada no carro, queimada nas mãos com cigarros por traficantes. Diante delas, não é difícil compreender o que significa couraça.

> Cada um de nós está preso numa couraça, cuja tarefa é repelir signos. Signos nos acontecem sem cessar. Viver significa ser alvo da palavra dirigida; nós só precisaríamos tornar-nos presentes, só precisaríamos perceber. Mas o risco nos é por demais perigoso, trovões silenciosos parecem ameaçar-nos de aniquilação: e aperfeiçoamos, de geração em geração, o aparato de defesa. (Buber 2009, p. 43)

Encontramos elementos para compreender essas cenas em que não nos reconhecemos em diversos campos do conhecimento, na arte e na ética. Porém a procura da teoria não deve turvar a necessidade de rever modos de agir e interagir com crianças e de intervir. Visibilidade/invisibilidade. Não só ver e escutar, mas transitar entre, tratar e não maltratar. Paradoxos e contradições: o que se diz, estuda e se presencia na vida; o adulto age ora assim, ora assado. Preconceitos contra a criança (de raça, etnia, cultura, sexo, tamanho, religião, característica física, padrão de beleza), diminuição do outro (imaturo, deficiente, carente, marginal, menor), abusos, castigos, negligência, exclusão, eliminação.

É preciso tomar contato íntimo, diz Buber (2009), o que exige atenção, presença (a nossa, a das crianças), ou seja, ver, perceber, escutar, sentir, vincular-se (nas práticas com crianças, jovens, adultos e na formação), disponibilizar-se, acolher. Ser humano como pessoa (*mensch*): entre, a estreita aresta de trânsito entre mim e o outro (nós e as crianças). Fé no humano, na humanidade do homem, em suas potencialidades. Estreita aresta (Buber 1974, p. XIX): o que liga, conecta, vincula. Diálogo é plenitude, encontro, evento. Vincular-se e sustentar os vínculos, com alegria, expressão máxima do ser humano. A razão não é a marca distintiva do homem, mas nossa capacidade de relação (*ibid.*, p. XLIII).

As cenas revelam o que ocorre quando se perde o engajamento responsável (*ibid.*, p. LIV), o ato, a palavra-ato. Avançamos na pesquisa, mas há muito a construir nas políticas públicas, nas práticas institucionais e no cotidiano em todas as esferas da vida social, o que evoca nossa responsabilidade diária como educadores, professores, cidadãos, intelectuais, pessoas.

Educação e responsabilidade em Buber

Os conceitos de Buber mobilizam pela beleza e profunda humanidade. Para pensar as cenas, escolhi falar de diálogo, sentimentos e instituições, educação e responsabilidade.

Como perceber o outro? Como conhecê-lo? Para Buber (2009), são três as maneiras pelas quais podemos perceber um homem diante dos nossos olhos: observando, contemplando e tomando conhecimento íntimo

Se, no início, há intenção, em seguida, o homem nada anota e não impõe tarefas à memória. Com base nessa ideia, diz Buber (*ibid.*, p. 41): "Todos os grandes artistas eram contempladores". Observador e contemplador têm em comum o desejo de perceber.

A terceira forma de perceber implica mais: algo é transmitido, acolhido, aceito, recebido. Não é só retratar ou descrever.

> Este homem não é meu objeto; cheguei a ter algo a ver com ele. Talvez tenha que aprender algo e só se trata do meu "aceitar". É possível que eu tenha que responder imediatamente, justamente a este homem diante de mim (...) Mas em cada instância aconteceu-me uma palavra que exige uma resposta. (*Ibid.*, pp. 42-43)

Os limites de possibilidade do dialógico coincidem, para Buber, com os limites da tomada de conhecimento íntimo.

Aceitar implica ver o outro não como objeto, mas com base em um conhecimento profundo sobre mim ou sobre o outro. E nós nos abrimos ou ficamos presos em uma couraça que, pelo hábito, deixamos de sentir? Instantes atravessam a couraça e "incitam a alma à receptividade" (*ibid.*, p. 43). A receptividade acontece quando a palavra dirigida tem significado para a vida da pessoa.

Também o diálogo, um dos principais conceitos do autor, é central para a educação. Em Buber, o diálogo é o que constitui o ser humano, a relação eu-tu, a presença, o vínculo. E o diálogo humano pode, para o autor, existir sem o signo, transcendendo conteúdos comunicáveis. O diálogo se completaria, assim, em um acontecimento concreto no mundo comum aos homens, revelando a corporificação da palavra dialógica.

Três são as espécies de diálogo: o autêntico, em que há reciprocidade viva entre os interlocutores, falado ou silencioso; o técnico, fruto da necessidade de entendimento objetivo, informação, que parece ser o mais comum no cotidiano; e o monólogo disfarçado de diálogo. Reuniões escolares com as famílias ou reuniões de trabalho podem ser citadas por sua aparência de diálogo, quando ficam encobertos o silêncio dos professores e a imposição dos gestores.

No entanto, o aprendizado da/para a vida dialógica não é só intelectual. A esfera cognitiva não basta. A vida dialógica é um aprendizado vivido, para o qual a teoria é importante, mas não suficiente, para que o professor perceba sua importância para si, para as crianças desde bem pequenas e para a educação de jovens e adultos. A existência dialógica, diz Buber, tanto pode ser austera e áspera, quanto terna, desde que revigorante de reciprocidade. O dialógico supõe reciprocidade e que um se volte para o outro, com a intenção de perceber a presença do outro. Para isso, devemos nos libertar da indiferença em relação ao outro, principal desafio no mundo contemporâneo. Porém "o movimento básico monológico não é, como se poderia pensar, o desviar-se-do-outro em oposição ao voltar-se-para-o-outro, mas é o dobrar-se-em-si-mesmo". Dobrar-se-em-si-mesmo significa retrair-se diante da aceitação.

> Constitui um erro grotesco a noção do homem moderno de que o voltar-se-para-o-outro seja um sentimentalismo e que não está de acordo com a densidade compacta da vida atual; sua afirmação de que o voltar-se-para-o-outro seja impraticável no tumulto desta vida é apenas a confissão mascarada da fraqueza de sua própria iniciativa diante das situações da época; ele consente que esta situação lhe ordene o que é possível ou permissível, em vez de, como parceiro sereno, estipular com ele – como é possível estipular com qualquer época – qual o espaço e qual a forma que ela deve conceder à existência da criatura. (*Ibid.*, p. 57)

Trata-se de uma atitude do homem diante do mundo, por meio das palavras-princípio eu-tu e eu-isso, que fundamentam a existência e são proferidas pelo ser (Buber 1977): 1) em sua total atualidade, na atitude eu-tu, no evento da relação, da reciprocidade, do vínculo, da presença; *ou* 2) em sua parcialidade, limitação, na atitude eu-isso, fato da experiência, do eu egocêntrico, do objeto. "O homem que se conformou com o mundo do Isso (...), em lugar de liberar o que está ligado a este mundo, ele o reprime; em lugar de contemplá-lo, ele observa; em lugar de acolhê-lo, serve-se dele" (*ibid.*, p. 47).

Estão em jogo aí instituições e sentimentos. Com frequência, em creches, pré-escolas e escolas, há situações em que sentimentos privados orientam a vida pública. Preferências, ameaças ou gritos (Kramer 2012) remetem ao poder e à autoridade. Regula-se a vida pública como se fosse vida pessoal. Quais os limites definidos pelas instituições para a vida pessoal? O que se pode ou não fazer no espaço público? Para Buber (1974, p. 54), "a verdadeira vida pública e a verdadeira vida pessoal são duas formas de ligação; porém, esses dois fatores reunidos não geram ainda a vida humana, é necessário um terceiro que é a presença central do Tu (...), o Tu central acolhido no presente".

Os elos entre pessoas nas instituições não raro estão desumanizados. Pesquisas sobre relações entre adultos ou entre adultos e crianças (Kramer 2005 e 2009) mostram adultos ríspidos uns com os outros e com as crianças, sem saber o que fazer quanto a limites, sanções e autoridade. O medo dos adultos de tomar posição ensina o medo. A dificuldade de colocar limites torna crianças e jovens instáveis ou desconfiados. Ameaças deslocam as relações para o desentendimento, a agressão e a violência. Conhecemos histórias terríveis, difíceis de contar, situações de estremecimento. Algo foi feito e sentimos a presença e a possibilidade de uma relação mudar. Aí reside o papel da educação.

O homem se torna eu na relação com o tu. O desafio é que cada criança ou jovem (a terceira pessoa, de quem a gente fala) se torne um tu (com quem eu falo) e um eu que fale, expresse sua emoção, conhecimento e intuição, seja escutado, vinculado, respeitado pelo seu modo de falar, desenhar, andar, brincar, cantar, rezar. E que tenha o direito de brincar, crescer, mudar e aprender assegurado nas instituições educacionais. A colaboração de cada adulto na criação, manutenção e transformação do mundo implica estar junto de crianças e jovens, intervir e aconselhar, em um processo em que a alteridade não pode ser perdida, deve ser reencontrada em todos os momentos e situações. E essa relação que não pode ser ensinada só cognitivamente é aprendida como ato irrepetível, singular, ato ético. Cabe aos adultos liderar, mobilizar energias, conhecimentos e valores para alterar, sensibilizar, viabilizar o conhecimento do mundo e o reconhecimento do outro, o desafio mais delicado e relevante do ato educativo. Só é possível entrar em diálogo levando o outro em conta.

Nesse movimento de perceber, aceitar e conhecer, só me resta responder. Ou seja, o diálogo e a presença implicam responsabilidade, mas "responsabilidade genuína só existe onde existe o responder verdadeiro. (...) Responder a quê?", indaga Buber. "Ao que nos acontece, que nos é dado ver, ouvir, sentir" (2009, p. 49). A responsabilidade só existe quando existe a instância diante da qual eu me responsabilizo. Ao falar do ato puro, Buber (1974, p. 49) comenta que "o homem lhe respondeu com sua vida".

A dimensão humana, a relação eu-tu, deve prevalecer sobre a utilitária, instrumental. Mudanças nas práticas podem superar relações coisificadas e a invisibilidade de crianças, jovens e adultos: acolher, cuidar, ter atenção, autoridade e cumplicidade com crianças e jovens diante de maus tratos, negligência, deboche ou humilhações. Há instituições e modos de agir nos quais predomina a omissão dos adultos em pedidos de ajuda implícitos ou explícitos, atos de injustiça que fazem sofrer crianças e jovens. Há ocasiões em que cabe denunciar, o que exige cuidado para não expor crianças e jovens a riscos e protegê-los. Isso traz à tona a exigência de que a educação se constitua como exercício responsável de direitos e deveres.

> Entender o outro como prioridade absoluta se ata ao meu dever em relação ao outro e ao dever do outro com relação a todos. "Se há um crime a ser cometido, é preciso evitá-lo" *ou* "se há um crime a ser cometido devo evitá-lo". O discurso e o modo de formulá-lo correspondem a uma resposta. Há que decidir. (Kramer 2013, pp. 40-41)

Em educação, somos privilegiados para entender essa distinção: não é apenas o papel que assumimos, mas nossa resposta (Buber 2009). A resposta que damos não se reduz a nos sentirmos responsáveis, liga-se ao que fazemos, a nosso ato ético, o modo como o conhecimento e a arte retornam em forma de resposta ética, prática, ao outro.

Outros pontos para continuar

Para além do dito, as contribuições de Buber para a reflexão do homem contemporâneo devem ser buscadas na revista *Der Jude*, editada de 1916 a 1924, na tradução da Bíblia com Franz Rosenzweig do hebraico para o alemão, feita durante 15 anos, e em muitos livros e artigos. Professor de religião comparada na Universidade de Frankfurt, cargo que foi obrigado a abandonar em 1938, quando se tornou professor de filosofia social na Universidade Hebraica de Jerusalém, Buber propunha "um viver-junto fundado na justiça". Sionista, criticou a política de direção do movimento e se tornou, após sua ida para a Palestina, em 1938, "um dos principais animadores de um movimento de fraternização judeu-árabe, o *Ihud* (união), que prega o estabelecimento de um Estado binacional na Palestina" (Löwy 1989, p. 55).

Tudo isso se liga à religiosidade de Buber, à busca do diálogo entre D's e os homens, à presença de D's, o Tu-Eterno. Buber redescobriu "a tradição chassídica enquanto manifestação religiosa intensa e autêntica de uma comunidade orgânica, unificada por sua espiritualidade e sua cultura", diz Löwy (1990, p. 149) a propósito dos livros de Buber sobre as histórias do Baal Shem Tov e do Rabi Nakhman. Porém, alerta Löwy, é preciso conhecer o quadro social, cultural e político em que Buber atuou e escreveu para compreender "a trama complexa de ligações entre romantismo anticapitalista, renascença religiosa judaica, messianismo, revolta cultural antiburguesa e antiestatismo, utopia revolucionária e anarquismo" (*ibid.*, p. 187). Baseado no princípio dialógico, Buber se colocou contra todo tipo de individualismo e coletivismo estatista.

Ele conheceu o chassidismo cedo, "ainda na casa de seu avô, e incorporou suas questões e suas respostas. Mais ainda, toda sua existência". Quem o afirma é Albrecht Goes no posfácio à edição de *O caminho do homem segundo o ensinamento chassídico* (Buber 2011a, p. 51): "[Buber] se considerava totalmente escritor, autor. Ele dava à fala, por assim dizer, no vestíbulo seu direito; mas texto, livro, é mais: 'Livro é pura responsabilidade'" (*ibid.*, p. 54). Herman Hesse, comentando essa declaração de Buber, disse: "Esta deve ser a coisa mais bonita que li sua. Agradeço-lhe de coração por esse presente nobre e infinito" (*ibid.*, p. 55).

Albrecht Goes, pastor berlinense amigo de Buber, assim me ajuda a terminar esta fala – que transitou do cotidiano à filosofia de Buber, seus ensinamentos e ao livro – lá onde se entretecem conhecimento, vida e arte. O livro, pura responsabilidade.

2
EDUCAÇÃO COMO RESPOSTA RESPONSÁVEL[1]

Educação como resposta responsável. A que pergunta? As que a vida traz, que o estudo provoca, que as urgências de mudança convocam. Como a criança pensa? Como o ser humano aprende, conhece, tem autonomia? Como cria, se torna autor, exerce sua autoridade, muda? Até onde a educação, as escolas e os professores afetam, contribuem, impactam? Esta aula tem o objetivo de mostrar como a concepção de educação como resposta responsável – formulada por vários autores – foi tecida na trajetória da professora, pesquisadora, militante, entendendo que

> Quem pretende se aproximar do passado soterrado deve agir como um homem que escava. Antes de tudo, não deve temer voltar sempre ao mesmo fato, espalhá-lo como se espalha a terra, revolvê-lo como se revolve o solo. Pois "fatos" nada são além de camadas que apenas à exploração mais cuidadosa entregam aquilo que recompensa

---

1. Aula Magna, requisito do processo de promoção para professor titular. Departamento de Educação, PUC-Rio, em 15/3/2017.

a escavação. Ou seja, as imagens que, desprendidas de todas as conexões mais primitivas, ficam como preciosidades nos sóbrios aposentos de nosso entendimento tardio, igual a torsos na galeria do colecionador. E certamente é útil avançar em escavações segundo planos. Mas é igualmente indispensável a enxadada cautelosa e tateante na terra escura. E se ilude, privando-se do melhor, quem só faz o inventário dos achados e não sabe assinalar no terreno de hoje o lugar no qual é conservado o velho. (Benjamin 1987a, p. 239)

A escada

Março de 1979. Descendo a escada do prédio Frings, que leva ao bandejão, um sereno sentimento de estar, enfim, em uma universidade, em um momento e contexto de liberdade. Entrara em 1971 na faculdade de psicologia, em plena ditadura militar, Decreto 477 em vigor, professores e alunos perseguidos, achados em aula. De 1973 a 1975, graduação em pedagogia, faculdade privada, curso noturno. De manhã, professora em escola experimental; à tarde, estágio, até decidir que caminho seguir. O curso de psicologia apresentou Piaget, Binet, Rogers e o interesse pela escola. Na pedagogia, Paulo Freire chegou sem capa, cópia de *Educación como practica de la libertad*, dada pelo professor de filosofia Tarciso Paixão. Março de 1979: há quase dez anos professora, o desejo era estudar.

O lugar de estudo foi encontrado na PUC. Aqui, a pergunta "o que faz uma professora de jardim de infância no mestrado?" gerou a resposta "tenta entender a política do pré-escolar no Brasil". A ONU definira 1979 como "Ano Internacional da Criança". Políticas do governo federal traziam a pré-escola para, salvando crianças pobres, supostas carentes de cultura, salvar a escola. Silvério Baia Horta, Carmelo, Marli André, Dumerval Trigueiro, Lourdinha Fávero, Japiassu, Valla, Zaia Brandão, orientadora de mestrado, ensinaram a ver as crianças em suas condições e direitos. Tania Dauster e Leandro Konder, no doutorado, ampliaram essa visão.

A PUC permitiu e exigiu escrever. Mas a escrita era já forte na família e na escola. O Colégio Israelita Brasileiro Scholem Aleichem carregava no nome o escritor russo, conhecido depois pelo violinista no telhado. Escrevia em iídiche, língua dos askenazim, judeus do Leste europeu, que aprendi com meus pais e avós maternos. Língua falada pela maioria dos seis milhões de judeus mortos no Holocausto. Minha mãe chegou ao Brasil em 1934; meu pai, em 1947, sobrevivente de Auschwitz. Com os dois, aprendi a alegria de viver e cantar a vida em muitas línguas, também em iídiche, de ler e escrever cedo e muito, advérbios usados sem exagero.

Como Clarice, "enquanto eu tiver perguntas e não houver resposta continuarei a escrever"; como Mário, "amo e por isso sinto essa vontade de escrever"; ou, como Benjamin, a "fala conquista o pensamento, mas a escrita o domina".[2] Escrever é reescrever a história e seus tempos. Da prática de professora, ensinar, aprender, perguntar. Da pesquisa, indagar, inquietar-se. Dos movimentos sociais e políticas públicas, ver, escutar e agir. Ao final, as *duas perguntas* de Martin Buber que atravessam a fala: "O que fazes com tua visão de mundo?", ou "O que fazemos com nosso conhecimento?" e "Onde você está?". A origem é o alvo.

Agora, é preciso dizer que essa trajetória só foi/é possível graças aos alunos de graduação, especialização, mestrado, doutorado, pós-doutorado, iniciação científica, aos professores do Departamento de Educação, de vários departamentos, centros, decanatos, em especial do CTCH, reitoria da PUC; funcionários, monitores, bolsistas de apoio técnico, que, fazendo o trabalho invisível, permitem nossa visibilidade. Agradeço a todos da PUC, a minha família, na presença da minha mãe, e ao Criador, pela saúde, pela força, pela vida.

Ensinar, aprender, perguntar: Ser professora

> *Todo conhecimento deve conter um mínimo de contrassenso, como os antigos padrões de tapetes*

---

2. C. Lispector (1984). *A hora da estrela*. Rio de Janeiro: Nova Fronteira, p. 17. M. de Andrade e O. Alvarenga (s.d.). *Cartas*. São Paulo: Duas Cidades, pp. 46-47. W. Benjamin (1987). *Obras escolhidas II: Rua de mão única*. São Paulo: Brasiliense, p. 31.

> ou de frisos ornamentais, onde sempre se pode
> descobrir, nalgum ponto, um desvio insignificante de
> seu curso normal. Em outras palavras: o decisivo
> não é o prosseguimento de conhecimento em
> conhecimento, mas o salto que se dá em cada um
> deles. É a marca imperceptível da autenticidade que
> os distingue de todos os objetos em série fabricados
> segundo um padrão.
> Walter Benjamin (1987b, p. 264)

Agir e escrever. Conta-se de mim que, ao ser alfabetizada, aos cinco ou seis anos de idade, quando chegava da escola, sentava diante de um pequeno quadro-negro em forma de cavalete, banco dobrável aberto na frente, e ensinava, a quem estivesse perto, o que tinha aprendido naquele dia.

Anos mais tarde, no ginásio, recebi o convite do diretor da escola para dar aulas particulares a uma aluna do primário que, com hepatite, corria o risco de reprovar. Era sua professora de todas as matérias com 14 anos, ela, 10. Inteligente e curiosa, tinha, porém, problemas com geografia. Um dia, ao ouvir que o mar que chegava até a praia era do Oceano Atlântico retrucou: "Não é! O oceano está no livro e a praia existe de verdade". Oceano Atlântico se tornou alegoria: como transmitir e construir um conhecimento vivo e com significado na educação infantil, no ensino fundamental, na formação de professores, na universidade?

No "Scholem", como nos referíamos carinhosamente ao colégio, cursara o Científico de manhã e disciplinas do Clássico à tarde. Além das aulas, assembleias de alunos e professores, grêmio, teatro, bossa nova, jornal, laboratório, biblioteca. Drummond, Vinícius, Clarice, Graciliano, Dostoiévski, Kafka, Sartre: de literatura fui feita. A escola respirava liberdade, democracia e justiça social. Nela me tornei professora. Ler, escrever e ser professora eram – e continuam sendo – três faces do mesmo processo.

Primeiro ano da faculdade, professora na educação básica em escolas experimentais. Piaget era alternativa ao método tradicional.

Criar, descobrir, inventar, a criança no centro eram metas da professora, supervisora e diretora de educação infantil, alfabetização e primeiro grau. Essa atuação em escolas com crianças de classe média foi simultânea nos anos 1970 à inserção em projetos sociais de associações de pais, comunidades de base, partidos políticos e grupos baseados em Paulo Freire, Moacyr de Góis, Augusto Boal. No Morro do Catumbi, no Conjunto do Amarelinho em Irajá e na Cruzada São Sebastião, o foco era a creche.

Construção do conhecimento, diálogo, tomada de consciência, jogo e trabalho, liberdade e criação. Naqueles turvos anos 1970, a formação de professores em escolas particulares, projetos de educação popular e redes públicas era cerzida pelo estudo de Freire, Piaget e Freinet. Aos poucos, a distensão política, a campanha da anistia e a transição democrática traziam livros de sociologia e política da educação: Florestan Fernandes, Luiz Antonio Cunha, Barbara Freitag e Otaíza Romanelli ajudavam a compreender a conjuntura.

A indicação de um professor de graduação, em 1978, levou-me à docência de estrutura e funcionamento de ensino, dinâmica de grupo e educação pré-escolar em faculdades privadas. Circulava pelos subúrbios cariocas em um fusca verde com volante de madeira e pneu tala larga (só vai rir quem sabe que não dirijo há 20 anos) e tinha alunos de classe média baixa que raramente iam à aula. Foi em um dia de prova, com 80 alunos em uma sala até então frequentada por 20, que decidi pedir demissão e estudar para a prova de mestrado na PUC.

Meses depois, o contrato na PUC como auxiliar de ensino e pesquisa (AEP) para as disciplinas de Sociologia da Educação e Metodologia de Ensino de 1º Grau, as mudanças políticas no Brasil e a vida afetiva mostraram que era tempo de morangos.

Ainda em 1979, a experiência com as camadas populares me motivou à supervisão pedagógica de creches comunitárias no projeto PUC/Funabem, em Acari e Vila Rica do Irajá. Tempos do Neurb. Olhando para trás, vê-se um belo projeto. A creche funcionava em uma igreja presbiteriana, a professora era do quilombo e o projeto da PUC tinha uma supervisora judia. Decisões eram tomadas em conjunto com a associação de moradores e as professoras de Acari e Vila Rica, bairros situados em lados opostos do rio Acari, que disputavam o tráfico de drogas.

A dissertação de mestrado, defendida em 1981 – "História e política da educação pré-escolar no Brasil: Uma crítica ao conceito de educação compensatória" –, foi publicada como *A política do pré-escolar no Brasil: A arte do disfarce* (Kramer 1981). O livro continua sendo reeditado, não por seu mérito, mas, lamentavelmente, por sua atualidade.

Assumir disciplinas diversas na graduação foi uma riqueza. Sociologia da Educação, Políticas de Educação Infantil, Teorias do Conhecimento e a Criança de 0 a 6 anos; Criança e Cultura; Alternativas Curriculares, entre outras, visam abrir espaço para a pergunta, escutar o outro, entrar em diálogo com alunas(os) para que dialoguem com o conhecimento. A prática em escolas alternativas, o estudo de psicologia e sociologia e o clima intelectual do departamento e da PUC se combinaram ao gosto de dar aula expositiva, provocar a reflexão, a crítica e a discussão de textos, com dinâmicas variadas.

Fora da PUC, nos anos 1980 e 1990, foi intensa a atuação em órgãos públicos. Entrar em 1981 para o Mobral (logo, Fundação Educar) e continuar no MEC até 1986 sem deixar a universidade, favoreceu a pesquisa e a participação nas políticas de educação infantil, leitura, escrita, literatura e formação de professores. Em 1986, uma consultoria resultou na escrita de *Com a pré-escola nas mãos*, livro que, dizem, menciona pela primeira vez no Brasil a expressão "educação infantil" e "currículo" para a educação infantil (Kramer 1986b).[3] Em 1986, prestei concurso público para a Uerj, e ali atuei durante anos.

No doutorado, iniciado em 1988, Walter Benjamin, Mikhail Bakhtin e Lev Vygotsky se tornaram referências teóricas de *Por entre as pedras: Arma e sonho na escola* (Kramer 1993) e da vida. Escovar a história a contrapelo. Linguagem fundada na história e na sociologia.

---

3. Esse livro teve 14 edições, com mais de 100 mil exemplares. Em 2013, mereceu um descanso.

Construção da história pessoal no interior da história social. Outra forma de conhecimento científico. Entre as dobras do cotidiano, a reflexão teórica, a sensibilidade estética e o agir ético.

A inserção como professora no programa de pós-graduação em Educação da PUC se deu em 1996. As disciplinas preferidas são as "leituras de": leituras de Benjamin, de Bakhtin, de Martin Buber. Os alunos sabem que a intenção é criar interlocutores. Com eles e com professores visitantes e colegas de outros departamentos, interessa o diálogo que constitui a educação. Livros são mais presentes que textos. Leitura densa e inteira; escrita autoral; edições e traduções diversas. Nas ciências humanas – estudo de textos falados ou escritos –, o objeto é um sujeito que fala. Importam o diálogo e a compreensão sempre ativa.

Presença da dimensão estética: na graduação, Metodologia de Ensino de Língua Portuguesa e Infância e Literatura Infantil lidam com o texto como arte. Para querer ler, mergulho nos clássicos afeta a todos. No mestrado e doutorado, a leitura literária acompanha as aulas: poemas escritos no quadro "da série: aula pode ter epígrafe?"; estudo da literatura como crítica da cultura, com Graciliano, Machado, Brecht, Kafka ou Ítalo Calvino.

Como professora, orientar permite expandir o vínculo com a escrita. Toda orientação deve se fazer escrita e se fazer *na* escrita. Questões, perguntas, críticas, sugestões de leitura ou de revisão do texto, todo encontro de orientação é precedido pela entrega do texto comentado. Na devolução, a leitura conjunta da escrita orienta os passos a seguir no estudo teórico e no trabalho de campo. E, se quiserem ouvir falar de orgulho, 19 ex-orientandas(os) são professores concursados de universidades públicas, a maioria integrando programas de pós-graduação.

Assim, o contexto da universidade e os anos de trabalho docente atuaram na formação da identidade profissional: o gosto de ser professora significa não só gosto de ensinar, mas principalmente de estudar, de aprender e de escrever, ligando-se ao ato e à tarefa de pesquisar.

Estudar, indagar, inquietar-se: A pesquisa

> Tudo o que me diz respeito, a começar por meu nome, e que penetra em minha consciência, vem-me do mundo exterior, da boca dos outros (da mãe etc.), e me é dado com a entonação, com o tom emotivo dos valores deles. Tomo consciência de mim, originalmente, através dos outros; deles recebo a palavra, a forma e o tom que servirão para a formação original da representação que terei de mim mesmo.
>
> Mikhail Bakhtin (1992, p. 278)

Nos idos 1970, os formulários do CNPq eram preenchidos a caneta e entregues no número 100 da Praia do Flamengo. Uma fotocópia do formulário e o projeto datilografado com carbono garantiam que a autoria e a originalidade não se perdessem.

A produção científica tinha forma artesanal nas ciências humanas e sociais que se praticavam no Brasil. Só no final da década, a política científica garantiria recursos financeiros e condições e formação acadêmica. Os modos de fazer pesquisa e o compromisso de pesquisadores com a sociedade (muitos perseguidos, cassados ou exilados) eram diferentes da burocratização imposta à produção do conhecimento. Contudo, melhores condições materiais de pesquisa, políticas e ações de órgãos públicos e agências de fomento, paradoxalmente, trariam − em tempos democráticos − o risco do produtivismo e da demissão do pensamento, da crítica e da criação. Hoje, é preciso esforço para manter a atitude de pensar, criticar e criar com autonomia e autoria, negando-se a copiar, repetir ideias ou conceitos, ainda que de si mesmo!

A PUC se revelava privilégio de encontrar um clima intelectual e científico de outro tipo. Congressos internos com jovens alunos e professores de todas as áreas. No programa de pós-graduação em Educação, a experiência dos grupos de pesquisa − muito antes de essa forma se fazer decreto e se tornar sigla e marca − se configurava como tempo e lugar de estudar, indagar e se inquietar, com autonomia e crítica diante das políticas governamentais. A PUC era e continua sendo escola de pesquisa. Um sobrevoo nos projetos realizados – todos com apoio do CNPq e da Faperj – revela a relevância do aprendizado nessa escola.

A dissertação "História e política da educação pré-escolar no Brasil: Uma crítica à abordagem da privação cultural" denunciou a arte do disfarce das ações governamentais (Kramer 1982, 2011). Após o mestrado, o programa de estudos sobre a Escola Básica, coordenado por Zaia, trouxe um aprendizado inovador. Avesso a dicotomias, o programa agregava projetos com enfoques histórico, sociológico e etnográfico. Nele, coordenado com Marli André (Kramer e André 1984), estudos de casos de professores bem-sucedidos de alfabetização na escola pública se beneficiaram do debate.

A seguir, os projetos "Um estudo sobre a alfabetização de crianças das camadas populares", "Alfabetização: Da prática de pesquisa à prática de intervenção", com Maria Luiza Oswald e Ana Beatriz Pereira (Kramer, Oswald e Pereira 1987; Kramer 1986a, 1986c) e "O poder na sala de aula: Um estudo sobre conhecimento e disciplina" focalizavam questões que precisavam de aprofundamento, para além da psicologia, da sociologia e da linguística. A motivação para o doutorado estava posta.

De 1988 a 1992, a orientação de Leandro Konder no doutorado ampliou, com a filosofia, o escopo das pesquisas. E foi em uma aula sobre Marx que a menção a Walter Benjamin produziu uma mudança radical de olhar, paradigma, visão de mundo. O livro *Rédemption et utopie*, de Michael Löwy (1989), emprestado por Leandro, ajudou a situar Benjamin. Quando saiu publicado em português, um ano depois, alguns parágrafos eram sabidos de cor. Também Kátia Muricy deu imensa contribuição: gravava e ouvia as aulas sobre Benjamin de tal modo que reler *Alegorias da dialética* (Muricy 1999) lembra aqueles tempos de estudo e inquietação.

"Por entre as pedras: Arma e sonho na escola" teve, em Benjamin, Bakhtin e Vygotsky, um referencial para escrever a educação a contrapelo (Kramer 1993; Benjamin 1987a, 1987b, 1987c; Bakhtin 1988a; Vygotsky 1984). Após a defesa, a criação do grupo de pesquisa Infância, Formação e

Cultura (Infoc), em 1992 – em um momento em que os grupos não tinham nome –, atendia à organização da vida acadêmica no país. Articulado aos movimentos sociais em defesa dos direitos das crianças, no contexto político de formulação da LDB, o Infoc favoreceu a abertura, em 1994, do curso de especialização em educação infantil – perspectivas de trabalho em creches e pré-escolas – oferecido como pós-graduação *lato sensu*.

"Cultura, modernidade e linguagem: O que narram, leem e escrevem os professores" (1993-1995), coordenado com Solange Jobim e Souza, visava conhecer histórias de leitura, escrita e formação e contribuir para políticas públicas de acesso à escrita, de formação de professores e leitores, como parte de uma política cultural e científica. Perguntava: é possível os professores tornarem seus alunos leitores e pessoas que queiram escrever? Que experiências com a leitura e a escrita têm os professores? Nos relatos, provas, resumos, fichas de livros, leitura imposta e reduzida a conteúdo escolar; sobre a escrita, vergonha, textos rasgados, queimados, jogados fora. Mais do que se formarem leitores na escola, os leitores se formavam apesar dela, e suas práticas ressecadas, sem sabor. As conclusões (Kramer e Jobim e Souza 1996) ressaltam que a formação de leitores precisa acontecer com práticas sociais de leitura e escrita como experiência de cultura, que sejam um convite à escrita e à leitura de adultos e crianças.

A pesquisa deixou perguntas: as práticas e relações dos professores com a escrita se alteram com as gerações? Como professores de diversos momentos e contextos históricos se relacionam com a escrita? "Cultura, modernidade e linguagem: Leitura e escrita de professores em suas histórias de vida e formação" (1995-1997), com Solange Jobim e Maria Teresa Freitas, ouvindo professores que atuaram desde os anos 1920, favoreceu compreender que ler, escrever e ser professor são faces de um *ethos* instituído na formação. Os relatos reunidos em *Alfabetização, leitura e escrita: Formação de professores em curso* (Kramer 1998) sugerem o conceito de "convite à leitura e à escrita" como chave para práticas significativas na escola.

"Cultura, modernidade e linguagem: O que leem futuros professores e seus mestres" (1997-1999), coordenado com Maria Luiza

Oswald, conduzido em três escolas normais, lidou com a leitura e a literatura como experiência, gosto como fruto da memória, cultura, geração. Os jovens (Benjamin 1987a, 1987b, 1987c; Calvino s.d.; Pasolini 1990) mostraram que o trabalho com a língua se reduzia à cobrança dos alunos; não se praticava o que era exigido (Kramer e Oswald 2001). A pesquisa evidenciou uma concepção instrumental de língua, ações repetitivas, distância entre as práticas e os jovens (vários poetas e compositores). Destacou o papel da narrativa de professores e alunos e sugeriu que disciplinas com tempo e espaço para livros literários são mais produtivas que didática da linguagem e metodologia.

Aos poucos, a essas se combinavam outras questões. "Formação de profissionais de educação infantil: Concepções, políticas e modos de implementação" (1999-2005) visou conhecer a educação infantil em municípios do estado do Rio de Janeiro, histórias de propostas, políticas de formação, práticas de professores e gestores. Resultados: secretarias municipais não assumem seu papel de formular políticas de educação infantil e de formação. Práticas paternalistas, influência de políticos, falta de autoridade e legitimidade da gestão das escolas convivem com professores que resistem a inovações. Pontos tensos: difíceis condições de trabalho, acesso e permanência na profissão; ambiguidades da identidade profissional; dilemas da formação. O relatório entregue às secretarias em seminário na PUC (Kramer 2001 e 2005) apontou a formação de professores como requisito da democratização para a garantia do direito de todas as crianças à educação infantil de qualidade.

O Infoc se voltou, então, de uma dimensão macro para uma dimensão micro. "Crianças e adultos em diferentes contextos: Infância, cultura contemporânea e a educação" (2005-2008) pesquisou interações e práticas entre adultos e crianças em 21 creches, pré-escolas e escolas do município do Rio de Janeiro. Observações e entrevistas com crianças e adultos foram vividas com angústia pela equipe, diante de crianças tratadas de modo rude com castigos, gritos, brigas, raiva, impaciência, humilhação, mau humor, cansaço. Em muitas instituições, as crianças não podiam brincar, correr ou se tocar. Espaços deteriorados, salas trancadas, ausência de recreio, relações tensas entre gestores, professores e pais, normas impostas sem explicação, nomes de crianças esquecidos, preconceitos. E contradições: controle do corpo infantil, moralização, deboche ao lado de atenção, carinho, amizade e riso. Os artigos "Porque Narciso acha feio o que não é espelho: Necessidades e conflitos na pesquisa com crianças e adultos", "Eu não estudei tanto tempo para agora me acostumar a gritar", "Na pré-escola, na escola: A insustentável leveza de ser e estar com crianças?" (Kramer 2009, 2012, 2014c) falam do clima e do tom das dificuldades. Suas urgências e sutilezas.

Adiante, "Educação infantil e formação de profissionais no estado do Rio de Janeiro: Concepções e ações" (2009-2012), coordenado com Patricia Corsino e Maria Fernanda Nunes, parceira até hoje no Infoc, fez um balanço da situação da infância, das políticas de educação infantil e formação de profissionais na década, nos municípios do estado do Rio de Janeiro, 15 anos após a LDB, e o estudo micro de interações e práticas entre adultos e crianças em creches, pré-escolas e escolas. Comparados, os dados de 1999 e 2009 indicam expansão, equipes pedagógicas nas secretarias, mas ainda influência de políticos, precárias condições de trabalho e de práticas (Nunes, Corsino e Kramer 2013; Kramer e Nunes 2013; Kramer, Corsino e Nunes 2011).

Nessa trajetória, perguntas geraram outras pesquisas. "Estudos comparativos de interações, práticas e modos de gestão em creches, pré-escolas e escolas" (2012-2015) tomou os campos empíricos de 32 teses e dissertações do Infoc e a empiria redefinida foi analisada com base na filosofia de Martin Buber e nos conceitos de presença, encontro, abertura, diálogo, relação, reciprocidade. Esse olhar teórico dirigido a práticas e interações entre crianças e adultos tornou possível perceber encontros e desencontros. Reler os campos das pesquisas e lhes dar outros sentidos ensinou sobre pesquisa, sobre formação humana, sobre achar-se e perder-se (Kramer 2013a, 2013b, 2013c, 2014a, 2014b). O estudo de Buber – de quem Paulo Freire e Bakhtin foram leitores – acentuou o desvio da rota. Hoje, o projeto "Linguagem e rememoração: As crianças, suas famílias, seus professores/as e suas histórias" traz outros desafios. Ver e ouvir. Entre. Vínculos.

Contudo, as pesquisas enfrentam obstáculos. Conflitos burocráticos e exigências impostas ao pesquisador por secretarias de educação (não pelas instituições!) se opõem à resposta epistemológica, estética e ética que somos convocados a dar. Fica-se como em Kafka (2011):

> *Diante da Lei* está um guardião. Vem um homem do campo e pede para entrar na Lei. Mas o guardião diz-lhe que, por enquanto, não pode autorizar-lhe a entrada. O homem considera e pergunta depois se poderá entrar mais tarde. – "É possível" – diz o guardião. – "Mas não agora!". O guardião afasta-se então da porta da Lei, aberta como sempre, e o homem curva-se para olhar lá dentro. Ao ver tal, o guardião ri-se e diz. – "Se tanto te atrai, experimenta entrar, apesar da minha proibição. Contudo, repara, sou forte. E ainda assim sou o último dos guardiões. De sala para sala estão guardiões cada vez mais fortes, de tal modo que não posso sequer suportar o olhar do terceiro depois de mim.

Porém as restrições crescentes para entrar na rede pública não correspondem às exigências ao sair. Como se não importasse a pesquisa. Como se seu tempo, quer dizer, sua história não implicasse dever e devolver. A pesquisa em educação visa conhecer o mundo *e* transformá-lo. No trabalho direto com as crianças, na gestão de instituições ou órgãos públicos e privados, na formulação de políticas, na concepção, prática e finalização da pesquisa – diante da Lei e de qualquer suposto guardião – somos todos responsáveis. A indiferença é inaceitável.

Ao longo desse caminho, foi-se delineando a concepção da infância como construção social, categoria central da história, e das crianças como pessoas de pouca idade, atores sociais, sujeitos que produzem cultura e são nela produzidos, que têm direito à brincadeira, vista como experiência de cultura, à linguagem e a suas várias formas de expressão, aos conhecimentos, a interações saudáveis com adultos, que têm o dever de protegê-los. Ao longo desse caminho, foi se delineando a concepção de linguagem, alfabetização, leitura/escrita e literatura como processos de criação e humanização. Adultos, jovens e crianças brincam, aprendem, sentem, criam, crescem e se mudam. Marcados por diferenças físicas, psicológicas, sociais, econômicas e culturais, todos têm direito à leitura, à escrita, à literatura, a conhecer a história e a narrar suas histórias como parte de sua formação humana, científica e cultural.

Nesse processo, estudos da infância, das crianças e da linguagem, escrita, literatura se alicerçam nas três esferas da dimensão humana, sempre material e espiritual: o conhecimento (a cognição), a arte (a estética e a afetividade) e a ética (o agir ético e responsável). Benjamin, Bakhtin e Vygotsky fornecem os fundamentos para essa arquitetura teórica, matizada por Buber.

Livros, artigos, orientações, consultorias, cursos, palestras, aulas têm nessa concepção o ponto de partida para entender processos educativos, e o ponto de chegada de ações de formação e intervenção nas práticas e políticas, em uma circularidade onde nada permanece, mas pode e deve se transformar. Mas essa produção só tem sentido contra a desigualdade e contra o preconceito de todo tipo – de classe social, raça, etnia, deficiência, religião, gênero, orientação sexual, de nacionalidade, de posição política ou modo de pensar – na procura de entender as dores das pessoas e de fazer, como propõe Adorno, uma educação contra a barbárie. A história daqueles que, como meu pai, sofreram o inimaginável, assim como as histórias de crianças, jovens e adultos agredidos, machucados, mortos implicam o direito e o dever de todos a uma educação que tenha como foco o conhecimento do mundo e o reconhecimento do outro.

Ver, escutar e agir: Um percurso militante

> Tudo o que dá valor ao dado do mundo, tudo o que atribui um valor autônomo à presença no mundo, está vinculado ao outro...: é a respeito do outro que se inventam histórias, é pelo outro que se derramam lágrimas, é ao outro que se erigem monumentos; apenas os outros povoam os cemitérios; a memória só conhece, só preserva e reconstitui o outro.
> Mikhail Bakhtin (1992, p. 126)

Desde jovem, orienta-me o preceito ético de que o ato de ensinar, o estudo teórico e a investigação científica devem se comprometer com a sociedade. Trabalhar na PUC e no MEC de 1981 a 1986 gerou uma situação ímpar. A vida acadêmica, a inserção na política pública e nos movimentos sociais, mordida pelo bichinho da escrita, delinearam uma experiência com forte carga de militância em defesa das crianças e de uma educação de qualidade. Atuar em projetos sociais, colaborar com políticas públicas e criar espaços de formação na PUC, levou esse conhecimento para aulas, palestras, reuniões, encontros. Na especialização, intervenção e extensão, a ação se desloca de dentro para fora e de fora para dentro da universidade.

A presença nos movimentos sociais pelos direitos das crianças se entrelaçou à pesquisa. Publicação de resultados, devolução direta aos pesquisados, distribuição de relatórios, artigos analíticos de políticas governamentais, projetos de formação, assessorias a secretarias estaduais e municipais, a órgãos federais. Apresentação em escolas, ONGs, sindicatos, associações, fóruns e audiências públicas em câmaras de vereadores, na Assembleia dos Deputados e no Senado buscavam dar a conhecer e contribuir para mudar. Era preciso garantir na Carta de 1988 o direito das crianças até seis anos à educação infantil.

Pressionado por setores da sociedade civil pelo reconhecimento de direitos de atores sociais até então excluídos das ações públicas, o MEC assumia seu papel de formular políticas de educação infantil. Intensificou-se a consultoria – mais de 30 anos – a políticas, documentos, projetos.[4] Em 1994, foi organizado o Fórum Permanente de Educação

---

4. Política de formação do profissional da educação infantil (1994); avaliação de propostas pedagógicas e curriculares em creches e pré-escolas públicas (1994/1995); debate da Lei de Diretrizes e Bases da Educação Nacional (1996); Indicadores de Qualidade da Educação Infantil (2003/2004); produção de material de políticas de inclusão de crianças de seis anos no ensino fundamental e ampliação do ensino fundamental para nove anos (2005); elaboração do Programa de Formação Inicial para Professores em Exercício na Educação Infantil/Proinfantil (2005/2006); revisão das Diretrizes Curriculares Nacionais de Educação Infantil e elaboração das

Infantil no estado do Rio de Janeiro, com a participação do Infoc e do curso de especialização em educação infantil, criado na PUC também em 1994, dois anos antes da aprovação da LDB.

Orientado por uma concepção de infância como categoria da história e construção social e das crianças como sujeitos da cultura, o curso de especialização em educação infantil, parceria com a CCE, mantém-se ativo há 23 anos. Prioriza o pensar crítico sobre a cultura, a infância e as práticas educativas, entende que a educação infantil envolve ensinar e cuidar e concebe a linguagem, o conhecimento e a afetividade como constitutivos das pessoas. Nesse processo, turmas abertas no Instituto São Bento, em Caxias, desde 2008, beneficiaram redes municipais da região metropolitana do Rio de Janeiro, na Baixada Fluminense.

Os primeiros cursos de extensão em educação infantil na PUC responderam ao convite da Secretaria Municipal de Educação do Rio de Janeiro: cinco cursos de extensão de 2002 a 2005 para professores, coordenadores e diretores, mais de mil profissionais da rede. Objetivos: colocar conhecimentos e práticas em diálogo, favorecer a pergunta, a ação sensível e a criação. Em 2005, teve início o curso "A creche e o trabalho cotidiano com crianças de 0 a 3 anos". Voltado à formação continuada de profissionais, visa refletir sobre o cotidiano da creche e fundamentar práticas, com foco nas dimensões afetiva e social das crianças.

Mais adiante, em 2007, aprofundando o papel social e político da universidade e o desafio de buscar a teoria para mudar a prática, o Programa de Formação e Intervenção em Escolas da Baixada Fluminense – apoio do Instituto Dynamo – atuou na formação de gestores e professores da educação infantil e na intervenção em creches e pré-escolas comunitárias e públicas em que trabalhavam alunas do curso de especialização. O ponto de partida: as práticas cotidianas e a história

---

Diretrizes Curriculares Nacionais da Educação Básica (2008/2009); programa de formação de professores de Educação Infantil do MEC em cursos de pós-graduação *lato sensu* em que o curso de especialização em educação infantil da PUC-Rio serviu de base (2012/2013); projeto "Leitura e escrita na educação infantil" (2008 e 2014/2015).

de cada lugar. A aposta: saberes são conquistados quando os atores têm acesso ao conhecimento, a práticas sociais e culturais e a repensar o cotidiano. Formação é direito *das* crianças e *dos* profissionais.

Agradeço aos professores, monitores, alunos do curso de especialização e do curso de creche de então e de agora, aos funcionários do CCE e do Instituto São Bento, ao Instituto Dynamo e à Cristina Carvalho e Fernanda Nunes pelo trabalho na gestão, que torna possível os cursos e o programa. Esse percurso acompanhou mudanças nas políticas educacionais no país, buscou se apropriar das pesquisas e enfrentar os impasses, na alternância de agir e escrever. A docência, a pesquisa e a atuação nos movimentos sociais permitem reconhecer os avanços nas políticas, e também que há muito a ser feito nas práticas, na formação e na gestão.

Em direção à origem: Ousando recomeçar

> *"Em que se baseia tua visão de mundo?" quer dizer: com que amplitude e com que densidade de experiência pessoal, de saber vital em torno das coisas e em torno da própria pessoa... "O que fazes com a tua visão de mundo" quer dizer: se não somente defende e faz prevalecer sua visão de mundo, ou se também a vive e experimenta segundo pode em qualquer momento... A verdade de uma visão de mundo não se prova nas nuvens, mas na vida vivida: verdadeiro é o que se testemunha.*
> Buber (2004, p. 36)

Para terminar, cabe explicitar as duas perguntas de Buber que originam o tema desta aula e o momento de sua realização. O que fazemos com nossa visão de mundo, com o nosso conhecimento? Esta aula procurou mostrar que atuar como professora, pesquisadora, na ação política e na formação se fazem resposta responsável. Mas por quê? Em que consiste essa resposta?

A reflexão aqui apresentada propõe: devolvemos. Na devolução dada às políticas públicas, à sociedade, às instituições e às pessoas, aí se configura essa resposta. Sim, a educação, é constituída por três esferas: o conhecimento, a arte e a ética, em que atuamos com nossa materialidade e espiritualidade. Ou, dizendo de outro modo, a educação se faz em três movimentos: em direção ao conhecimento, como processo de criação e assumindo uma forma de agir ético. Mas a natureza da ação educativa é sobretudo ética. Ético-política. Exige resposta responsável.

Essa expressão foi encontrada na obra de Buber, Bakhtin, Paulo Freire, mas estava intuída na dúvida "o Oceano Atlântico está na vida?"; está presente nas frases inventadas "toda proposta contém uma aposta", "a educação visa conhecimento do mundo e reconhecimento do outro", "resposta responsável implica o outro como prioridade", visível nas pinturas mostradas de Goya, Magritte, Paul Klee, Chagall e em poemas citados em artigos, aulas, conferências.

Se as coisas são inatingíveis,
Ora! Não é motivo para não querê-las.
Que tristes os caminhos se não fora
Pela mágica presença das estrelas.

Esse poema, de Mário Quintana, não por acaso com o título "Das Utopias", gostava de se ver em uma das estrofes de "Perguntas de um trabalhador que lê", em que Brecht ensina por que o conhecimento é direito de todos e nosso dever garantir, quando indaga:

Quem construiu Tebas
A cidade das sete portas.
Nos livros estão nomes de reis.
Os reis carregaram pedras?

Não estava tão enganada a menina ao questionar a verdade dos livros. Também de Brecht o verso repetido, "Tudo se transforma. Recomeçar é possível até o último suspiro". Ou de João Cabral, "Difícil ser funcionário nesta segunda-feira, eu te telefono Carlos, pedindo conselho". E de Drummond – o Carlos da carta de João Cabral – tão lúcida, tão atual:

> *A porta da verdade estava aberta,*
> *mas só deixava passar*
> *meia pessoa de cada vez.*
> *Assim não era possível atingir toda a verdade (...)*
> *E carecia optar. Cada um optou conforme*
> *seu capricho, sua ilusão, sua miopia.*

Porém, muito antes dos pintores e dos poetas, a expressão "educação como resposta responsável" foi por mim lida na marca escrita no braço esquerdo do meu pai, B5000. E é ela que traz a outra pergunta de Buber: "Onde você está?". A resposta: em direção à origem, ousando recomeçar. Nossa visão de mundo e nosso conhecimento devem se tornar vida vivida, ato ético de presença e encontro, resposta responsável ao, para e pelo outro. Porém, o mais importante é o entre, a aresta estreita por onde pode se dar o diálogo. Buber mobiliza o diálogo inter-religioso e intercultural, resposta ao preconceito e ao desconhecimento.

Nesse contexto, não por coincidência, em 2007, um convite do Vaad Hachinuch, Conselho de Educação das Escolas Judaicas do Rio de Janeiro, levou à criação do Curso de Estudos Judaicos na PUC, pós-graduação *lato sensu* com foco em história, cultura, literatura. Interdisciplinar, com professores de diversos departamentos e centros da universidade e convidados de outras instituições, o valor simbólico e ético-político do curso é forte para o diálogo inter-religioso e intercultural. Pouco depois, o convite do Museu de Arte do Rio (MAR) para conceber e coordenar o curso "Trajetórias Judaicas no Rio de Janeiro", oferecido a professores de redes públicas e particulares, ampliou o alcance dessa ação. Meu sincero agradecimento à PUC, aos professores, monitores e alunos do curso e ao MAR,[5] por esse projeto.

---

5. Agradeço a Rosana Bines, Júlio Diniz, Cristina Carvalho, Marcelo Andrade, Monica Herz, Jana Tabak, Márcio Scalércio, Keila Grinberg, Flávio Limoncic, Marcos

Outro movimento em direção à origem: mergulho na língua iídiche. Depois de ser dilacerada pelo genocídio, ela passa hoje por um significativo *revival* em muitas universidades, institutos de pesquisa e centros culturais em várias partes do mundo. Há quase quatro anos coordenando, com Sara Vaisman, o programa "Ot Azoy, Dos Iz Yiddish!" ("Isto é Iídiche!") no Midrash, agradeço à PUC por esse espaço e a todos os que têm ajudado a realizar o projeto "Aprender e ensinar iídiche como resistência e experiência identitária", voltado para a formação de professores e crianças, a música e a literatura.

Conhecer e agir. Aí, onde estou. Aí se encontram o existencial e o acadêmico. Aprendi em ambos o valor da escuta, primeiro sentido humano, último sentido humano. Por isso, ao terminar, três homenagens, nas palavras. De meu pai, Chialé Kramer, sua alegria de viver, na voz e na música, sua simplicidade, o fino senso de humor, sua resistência e dignidade, com a lucidez de que não há heroísmo em sobreviver ou ser vítima e de que é preciso contar sempre a história para que todos saibam, e para que não se repita. De Hilton Japiassu, mestre e amigo, quando postula, para o intelectual e para o pesquisador, a indignação como ato ético e a ousadia como método. E de Leandro Konder (2002, p. 236), sua defesa de

(...) valores éticos capazes de inspirar uma resistência concreta, propostos a seres humanos concretos que – com suas singularidades, interesses e desejos pessoais – contribuem para que a grande comunidade a que pertencem possa ser pensada em toda a riqueza das suas diferenças internas, das suas contradições.

Como a comunidade é a matriz dos valores (*ethos* em grego e *mores* em latim significam costumes, quer dizer, normas de conduta estabelecidas pela coletividade), os indivíduos que negam o vínculo que os liga à comunidade são, de fato, pessoas que renegam a ética. (*Ibid.*, p. 226)

***

Gleizer e José London por participarem da concepção, elaboração e realização desse curso coordenado por mim.

Agora, a tarde segue. A vida segue, graças a Deus. Nela aprendi, com Benjamin, que contar histórias foi sempre a arte de contá-las de novo. Mas essa arte se perde, diz o filósofo, porque ninguém mais tece ou fia enquanto ouve a história. Desejo agradecer aos meus colegas, meus amigos, aos alunos e alunas, professores e funcionários da universidade, gestores e professores das creches, pré-escolas e escolas que se abriram para a pesquisa e para a intervenção, a todos da PUC-Rio, a minha família, e a todos vocês que tecem comigo essas histórias e as escutam, quando as conto.

3
RESISTÊNCIA E RESISTIR[1]

Narrar é resistir.
Guimarães Rosa (1985, p. 98)

A consulta aos dicionários informa:

Resistência. Ato ou efeito de resistir, de não ceder. XVI. Do lat. *resistentia*// ir resistibilidade 1881 // irresistível 1813. Do lat. *irresistibilis* // resistente XV. Do lat. *resistêns êntis* // resistir XIV, resistir XV, registir XV. Do lat. *resistère*.[2]

Resistência, f. Ato ou efeito de resistir. Força ou qualidade de um corpo, que anula os efeitos de outra força ou de outro corpo. Aquilo que se opõe ao movimento de um corpo. Obstáculo. Reação. Oposição. Luta em defesa; defesa. (Lat. *resistentia*) resistente adj. Que resiste. Sólido. Contumaz; obstinado. (Lat. *resistens*) resistir v. i. Opor-se, não ceder; fazer resistência. Defender-se. Recusar-se.

---

1. Texto apresentado na manifestação do Dia Internacional da Memória das Vítimas do Holocausto, Cinelândia, Rio de Janeiro, 27/1/2020.
2. *Dicionário etimológico Nova Fronteira*.

Subsistir; durar: esta fruta não resiste ao calor. * V. t. Opor-se a. (Lat. *resistere*).[3]

Durante o ano de 2020, a população mundial viveu uma crise sanitária, econômica, cultural, humana de proporções antes inimagináveis. Este capítulo foi escrito dois meses antes. Se a situação em vários países, em especial no Brasil, já se mostrava anteriormente preocupante, por razões políticas e ideológicas, com expressões de fascismo há muito tempo não presenciadas, o contexto da pandemia de Covid-19 resultou no agravamento do quadro e acentuou a desigualdade. Tivemos de aprofundar a nossa capacidade de resistência.

Ora, nas ciências da natureza, a resistência [do ar] é a força que o ar, mesmo imóvel, opõe ao deslocamento de um corpo, em particular um projétil. Na eletricidade, é a dificuldade que os condutores opõem à passagem de uma corrente. A resistência dos materiais define as dimensões dos elementos de uma construção, para que resistam à tensão que terão de suportar.

Outros significados emergem das ciências humanas e sociais: para Gramsci (1982), resistir é atuar nas brechas; para Benjamin (1987a), é escovar a história a contrapelo, na direção contrária à esperada; em Bakhtin (1988b), resistir é lutar com língua e poder; para Buber (1974), é estar em presença, vínculo, com comunidade. Para meu pai – Chialé Kramer (1997), que sobreviveu a Auschwitz –, resistir é não se acostumar.

Resistência remete, pois, a força, obstáculo, reação, oposição, defesa, recusa, desvio. No âmbito desse projeto, cuidar é ato de resistência. O cuidado de si ou de outra(s) pessoa(s) é condição para que seja possível enfrentar situações de pobreza, doença, desequilíbrio, discriminação ou preconceito, violência. Constitutivo da pessoa, como o diálogo, o cuidado precisa da rememoração na busca do que foi (quase) destruído ou esquecido: línguas, histórias, músicas, brincadeiras, ditos e provérbios, repertórios culturais enfim.

---

3. *Dicionário Priberam da Língua Portuguesa* [*on-line*], 2008-2013.

Do ponto de vista social e cultural, o cuidado assume importância ainda mais acentuada em contextos de produção e circulação de preconceitos. Diante do estereótipo – a antessala do preconceito –, até situações de discriminação, exclusão e eliminação, é necessário se desviar, dobrar, subverter, romper, quebrar o preconceito. A educação precisa ser inclusão, como propõe Buber (2004), e se dar a contrapelo (Benjamin 1987a), na direção contrária à esperada.

Cuidar implica agir eticamente contra todas as formas de preconceito e buscar o que foi destruído, perdido, esquecido – línguas, histórias, músicas, tradições – e atuar pelo direito de todas as pessoas às culturas, línguas, histórias que se pretendeu destruir: línguas de migrantes (no meu caso, o iídiche), línguas indígenas, línguas afro. A resistência se faz também com as línguas. O esquecimento das línguas é marca de genocídios que afetam povos, etnias, raças, culturas. Pesquisar as línguas, suas produções, histórias e devolvê-las aos descendentes é resistir à tentativa de seu apagamento. Nesse processo, as histórias se encontram: "O dom de despertar no passado as centelhas da esperança é privilégio do historiador convencido de que também os mortos não estarão em segurança se o inimigo vencer. E esse inimigo não tem cessado de vencer" (Benjamin 1987a, pp. 224-225). Trata-se de uma história de perseguições.

E o que fazer diante da corrente de produção da intolerância – estereótipo, preconceito, discriminação, exclusão, eliminação, extermínio? *Resistir é importante, mas é pouco.* É preciso *impedir* que a corrente prossiga e atuar por uma sociedade sem desigualdade, com justiça social, aceitação do outro e reconhecimento de que o que nos torna singulares como seres humanos é nossa pluralidade: nossas diferenças físicas, mentais, de raça, etnia, orientação sexual, cultura, religião, gênero, modos de entender o mundo, escolhas, pontos de vista.

Mas como interromper o ódio sem produzir ódio? Precisamos das três esferas que nos constituem: 1) a esfera do conhecimento – hoje foco de negacionismo –, mantendo viva a pergunta de Buber (2004, p. 36): o que fazemos com nossa visão de mundo, com o nosso conhecimento?; 2) a esfera da estética, da sensibilidade estética, do que afeta, que é afetivo; 3) a esfera do agir ético, nas instâncias públicas coletivas, nas comunidades e nas interações pessoais, em que cada estreita aresta pode ser a porta para o diálogo.

Porém o contexto autoritário do momento em que este livro é publicado não pode ser minimizado. Não há conivência nem convivência possível com o fascismo, que não escuta, ele executa, oprime, mata. Alerta e alarme: o fascismo avançou da antessala e impregna paulatinamente as frestas da democracia. Há que resistir, impedir, insistir, interromper. A educação é caminho necessário de lutar contra a barbárie. Os mortos não estarão em segurança se o inimigo vencer. E esse inimigo não tem cessado de vencer, diz Benjamin: a mudança do futuro se conecta à do passado. O inimigo cala o outro, persegue-o, discrimina, aniquila. A todos nós, que nos opomos a que haja escravos, oprimidos, excluídos, cabe a nós a responsabilidade de mudar o passado, a contrapelo da direção esperada, contra o fatalismo de supor que as coisas aconteceram como deviam, são como deviam ser, serão como se prenuncia.

Educar requer reencontrar as histórias caladas ou esquecidas, criar práticas de pertencimento, com respeito e acolhimento das diferenças, com ações e gestos de cuidado nas políticas públicas, nas instâncias intermediárias e na dimensão micro da vida cotidiana. Mas, se cuidar é assegurar a vida, favorecer uma educação com atos e gestos de cuidado exige construir comunidade e, mais que tudo e sempre, exige responsabilidade.

Em contrapartida, considerando o contexto atual da pandemia de Covid-19, cuidar e resistir com saúde se tornaram mais relevantes ainda e não só na escola. "Cuide-se", cuide do outro, cuide de você são uma constante. Mas cuidar já era necessidade de todas as idades, ao longo de toda a vida, de formas e com ênfases diversas, dependendo da classe social, do contexto cultural, das condições de vida. A desigualdade agrava a vulnerabilidade de pessoas e grupos e torna o cuidado vital para sua sobrevivência. E para a sobrevivência como humanidade.

Com um poema de Abraham Joshua Heschel, convido leitores e leitoras a pensar. Heschel, sobrevivente do Holocausto, marchou ao lado de Martin Luther King na luta pelos direitos civis. Escrito em iídiche, e traduzido por mim, diz o poema (Heschel 2007, p. 39):

Os olhos das pessoas esperam por mim
como pavios esperam por uma luz (...)

E eu, com teimosa ousadia, prometi
aumentar a ternura no mundo...

e me parece que vou, a tempo seguir em frente,
me deslocar por esta terra
com o brilho de todas as estrelas nos meus olhos!

REFERÊNCIAS BIBLIOGRÁFICAS

ADORNO, T. (1995). *Educação e emancipação*. Rio de Janeiro/São Paulo: Paz e Terra.

BAGNO, M. (1999). *Preconceito linguístco: O que é, como se faz*. São Paulo: Loyola.

BAKHTIN, M. (1976). "Discurso na vida e discurso na arte". Trad. Cristovão Tezza. In: VOLOSHINOV, V. e BAKHTIN, M. *Freudianism: A marxist critique*. Nova York: Academic Press.

_____ (1988a). *Marxismo e filosofia da linguagem*. São Paulo: Hucitec.

_____ (1988b). *Questões de literatura e estética*. São Paulo: Hucitec.

_____ (1992). *Estética da criação verbal*. São Paulo: Martins Fontes.

_____ (2010). *Para uma filosofia do ato responsável*. São Carlos: Pedro e João.

BARBOSA, S.N.F. (2004). "Nas tramas do cotidiano: Adultos e crianças construindo a educação infantil". Dissertação de mestrado em Educação. Rio de Janeiro: PUC-Rio.

BARBOSA, S.N.F.; SILVA, J.P. e KRAMER, S. (2005). "Questões teórico-metodológicas da pesquisa com crianças". *Perspectiva*, Florianópolis, v. 23, jan.-jul., pp. 41-64.

BAZÍLIO, L. e KRAMER, S. (2003). *Infância, educação e direitos humanos*. São Paulo: Cortez.

BENJAMIN, W. (1987a). *Obras escolhidas I: Magia, técnica, arte e política*. São Paulo: Brasiliense.

_____ (1987b). *Obras escolhidas II: Rua de mão única*. São Paulo: Brasiliense.

_____ (1987c). *Obras escolhidas III: Charles Baudelaire, um lírico no auge do capitalismo*. São Paulo: Brasiliense.

_____ (2002). *Reflexões: A criança, o brinquedo e a educação*. São Paulo: Duas Cidades/Ed. 34.

BONDIOLI, A. e SAVIO, D. (2013). *Participação e qualidade na educação da infância: Percursos de compartilhamento reflexivo em contextos educativos*. Curitiba: UFPR.

BRANDÃO, Z. (1982). *A escola em questão*. Rio de Janeiro: Achiamé.

BRASIL (1990). Lei n. 8.069, de 13 de julho. Dispõe sobre o Estatuto da Criança e do Adolescente e dá outras providências.

_____ (1996). Lei n. 9.394, de 20 de dezembro. Estabelece as diretrizes e bases da educação nacional.

_____ (1998). *Referencial curricular nacional para a educação infantil*. 3 vols. Brasília: MEC/SEF.

_____ (2001). Lei n. 10.172, de 9 de janeiro. Aprova o Plano Nacional de Educação e dá outras providências.

_____ (2005). Lei n. 11.114, de 16 de maio. Altera os arts. 6º, 30, 32 e 87 da Lei n. 9.394, de 20 de dezembro de 1996, com o objetivo de tornar obrigatório o início do ensino fundamental aos seis anos de idade.

_____ (2006a). *Parâmetros Nacionais de Qualidade para a Educação Infantil*. Brasília: MEC/SEB.

_____ (2006b). Lei n. 11.274, de 6 de fevereiro. Altera a redação dos arts. 29, 30, 32 e 87 da Lei n. 9.394, de 20 de dezembro de 1996, que estabelece as diretrizes e bases da educação nacional, dispondo sobre a duração de 9 (nove) anos para o ensino fundamental, com matrícula obrigatória a partir dos 6 (seis) anos de idade.

_____ (2006c). Emenda Constitucional n. 53, de 19 de dezembro. Dá nova redação aos arts. 7º, 23, 30, 206, 208, 211 e 212 da Constituição Federal e ao art. 60 do Ato das Disposições Constitucionais Transitórias.

_____ (2007). *Indagações sobre currículo: Currículo, conhecimento e cultura*. Brasília: MEC/SEB.

_____ (2009a). Emenda Constitucional n. 59, de 11 de novembro. Acrescenta § 3º ao art. 76 do Ato das Disposições Constitucionais Transitórias para reduzir, anualmente, a partir do exercício de 2009, o percentual da Desvinculação das Receitas da União incidente sobre os recursos destinados à manutenção e desenvolvimento do ensino de que trata o art. 212 da Constituição Federal, dá nova redação aos incisos I e VII do art. 208, de forma a prever a obrigatoriedade do ensino de quatro a dezessete anos e ampliar a abrangência dos programas suplementares para todas as etapas da educação básica, e dá nova redação ao § 4º do art. 211 e ao § 3º do art. 212 e ao *caput* do art. 214, com a inserção neste dispositivo de inciso VI.

_____ (2009b). *Indicadores da Qualidade na Educação Infantil*. Brasília: MEC/SEB.

_____ (2009c). *Subsídios para Diretrizes Curriculares Nacionais Específicas da Educação Básica*. Brasília: MEC/SEB/DCOCEB.

_____ (2009d). Resolução CNE/CEB n. 5, de 17 de dezembro. Fixa as Diretrizes Curriculares Nacionais para a Educação Infantil. Brasília.

_____ (2010). *Diretrizes Curriculares Nacionais para a Educação Infantil*. Brasília: MEC/SEB.

_____ (2013). *Diretrizes Curriculares Nacionais Gerais para a Educação Básica*. Brasília: MEC/SEB/Dicei.

_____ (s.d.). *Política Nacional de Educação Infantil: Pelos direitos das crianças de zero a seis anos à educação*. Brasília: MEC/SEB.

BUBER, M. (1974). *Eu e tu*. Trad. e introdução Newton Aquiles von Zuben. São Paulo: Moraes.

_____ (1987). *Sobre comunidade*. Trad. Newton Aquiles von Zuben. Introdução Marcelo Dascal e Oscar Zimmermann. São Paulo: Perspectiva. Col. Debates.

_____ (2000). *As histórias do Rabi Nakhman*. Trad. Fany Kon e J. Guinsburg. São Paulo: Perspectiva. (Col. Paralelos)

_____ (2004). *El camiño del ser humano y otros escritos*. Trad. e notas Carlos Díaz. Salamanca: Kadmos.

_____ (2009). *Do diálogo e do dialógico*. Trad. Marta Ekstein de Souza Queiroz e Regina Weinberg. São Paulo: Perspectiva. (Col. Debates)

_____ (2011a). *O caminho do homem segundo o ensinamento chassídico*. Trad. Claudia Abeling. Posfácio de Albrecht Goes. São Paulo: É Realizações.

_____ (2011b). *¿Que es el hombre?*. Trad. Eugenio Ímaz. México: Fondo de Cultura Económica.

CALVINO, I. (s.d.). *Se numa noite de inverno um viajante*. Lisboa: Vega.

CAMPOS, M.M.; FÜLLGRAF, J. e WIGGERS, V. (2006). "A qualidade da educação infantil brasileira: Alguns resultados de pesquisa". *Cadernos de Pesquisa*, São Paulo, v. 36, n. 127, pp. 87-128.

CAMPOS, M.M. *et al.* (2011). "A qualidade da educação infantil: Um estudo em seis capitais brasileiras". *Cadernos de Pesquisa*, São Paulo, v. 41, n. 142, pp. 20-54.

CANETTI, E. (1987). *A língua absolvida: História de uma juventude*. São Paulo, Cia. das Letras.

CASTRO, L. (2014). "Práticas e reflexões sobre avaliação na educação infantil". (Mimeo.)

CASTRO e SOUZA, M. (2014). "Desafios da avaliação no trabalho educativo da educação infantil". (Mimeo.)

CORSARO, W. (1985). *Friendship and peer culture in the early years*. Norwood: Ablex.

_____ (2003). "*We're friends, right?*": *Children's use of access rituals in a nursery school*. Washington: Joseph Henry Press.

CORSINO, P. (2003). "Infância, linguagem e letramento: Educação infantil na rede municipal de ensino do Rio de Janeiro". Tese de doutorado em Educação. Rio de Janeiro: PUC-Rio.

DEBORTOLI, J.A. (2004). "Infâncias na creche: Corpo, memória e trajetórias na educação infantil – Um estudo em Belo Horizonte. Tese de doutorado em Educação. Rio de Janeiro: PUC-Rio.

DRAGO, R. (2005). "Infância, educação infantil e inclusão: Um estudo de caso em Vitória". Tese de doutorado em Educação. Rio de Janeiro: PUC-Rio.

FREINET, C. (1975). *Técnicas Freinet da Escola Moderna*. Lisboa: Estampa.

FREIRE, E.F. (2008). "Pelas telas de um aramado: Educação infantil, cultura e cidade". Tese de doutorado em Educação. Rio de Janeiro: PUC-Rio.

FREIRE, P. (1968). *Pedagogia do oprimido*. Rio de Janeiro: Paz e Terra.

_____ (1982a). *Ação cultural para a liberdade*. Rio de Janeiro: Paz e Terra.

_____ (1982b). *Educação como prática de liberdade*. Rio de Janeiro: Paz e Terra.

GARCIA, P.B. (2011). *Arcabouços 2007*. Rio de Janeiro: Ibis Libris.

GRAMSCI, A. (1982). *Os intelectuais e a organização da cultura*. Rio de Janeiro: Civilização Brasileira.

GUIMARÃES, D. (2006). "Entre a instrução e o diálogo: A construção da identidade educacional das creches". Trabalho apresentado na 29ª Reunião Anual da Anped, Caxambu.

_____ (2008). "Relações entre crianças e adultos em uma creche pública na cidade do Rio de Janeiro". Tese de doutorado em Educação. Rio de Janeiro: PUC-Rio.

GUIMARÃES, D. e KRAMER, S. (2007). "Nos espaços e objetos da creche, concepções de educação e práticas com crianças de 0 a 3 anos". Apresentação na VIII Reunião Anped, Região Sudeste, Vitória.

GUIMARÃES ROSA, J. (1985). "Entremeio com o vaqueiro Mariano". In: GUIMARÃES ROSA, João. *Estas estórias*. 3ª ed. Rio de Janeiro: Nova Fronteira.

HESCHEL, A.J. (2007). *The ineffable name of God: Man. Poems*. Nova York/Londres: Continuum.

IBGE-Instituto Brasileiro de Geografia e Estatística (2010). Censo Demográfico 2010. Rio de Janeiro. [Disponível na internet: https://cidades.ibge.gov.br/brasil/pesquisa/23/22469?detalhes=true, acesso em 29/6/2021.]

KAFKA, F. (2011). "Diante da lei". In: KAFKA, F. *Essencial Franz Kafka*. Trad. Modesto Carone. São Paulo: Penguin Companhia.

KONDER, L. (2002). *A questão da ideologia*. São Paulo: Cia. das Letras.

KRAMER, S. (1981). *A política do pré-escolar no Brasil: A arte do disfarce*. Rio de Janeiro, Achiamé.

_____ (1982). "Privação cultural e educação compensatória: Uma análise crítica". *Cadernos de Pesquisa*, São Paulo, n. 42, pp. 54-62.

_____ (org.) (1986a). *Alfabetização: Dilemas da prática*. Rio de Janeiro: Dois Pontos.

_____ (org.) (1986b). *Com a pré-escola nas mãos: Uma alternativa curricular para a educação infantil*. São Paulo: Ática.

_____ (1986c). "Diferentes significados da alfabetização". *Ande/Revista Associação Nacional de Educação*, v. 10, p. 35.

_____ (1993). *Por entre as pedras: Arma e sonho na escola*. São Paulo: Ática.

_____ (1998). *Alfabetização, leitura e escrita: Formação de professores em curso*. São Paulo: Ática.

_____ (org.) (2001). *Formação de profissionais de educação infantil no estado do Rio de Janeiro*. Rio de Janeiro: Ravil.

_____ (org.) (2005). *Profissionais de educação infantil: Gestão e formação*. São Paulo: Ática.

_____ (2008). "Crianças e adultos em diferentes contextos: Desafios de um percurso de pesquisa sobre infância, cultura e formação". *In*: GOUVEA, C. e SARMENTO, M. (orgs.). *Olhares sobre a infância e a criança*. Petrópolis: Vozes.

_____ (org.) (2009). *Retratos de um desafio: Crianças e adultos na educação infantil*. São Paulo: Ática.

_____ (2012). "Eu não estudei tanto tempo para agora me acostumar a gritar: As crianças, as professoras e o currículo". *In*: PARAÍSO, M.; VILELA, R.A. e SALES, S. (orgs.). *Desafios contemporâneos sobre currículo e escola básica*. Curitiba: CRV, pp. 39-51.

_____ (2013a). "A educação como resposta responsável: Apontamentos sobre o outro como prioridade". *In*: FREITAS, M.T. (org.). *Educação, arte e vida em Bakhtin*. Belo Horizonte: Autêntica, pp. 29-46.

_____ (2013b). "Formação e responsabilidade: Escutando Mikhail Bakhtin e Martin Buber". *In*: KRAMER, S.; NUNES, M.F. e CARVALHO, C. *Educação infantil: Formação e responsabilidade*. Campinas: Papirus, pp. 309-329.

_____ (2013c). "Contribuições de Martin Buber para a reflexão sobre/do homem contemporâneo". *In*: LEWIN, H. (org.). *Judaísmo e cultura: Fronteiras em movimento*, v. 1. Rio de Janeiro: Imprimatur, pp. 581-589.

_____ (2014a). *Avaliação na educação infantil: No avesso da costura, pontos a contar, refletir e agir*, v. 10. Lisboa: Interacções, pp. 5-26.

_____ (2014b). "Early childhood education: Difficulties creating and changing daily practice". *Creative Education*, v. 5, pp. 386-395.

_____ (2014c). "Na pré-escola, na escola: A insustentável leveza de ser e estar com crianças?". *In*: CINTRA, R.G. (org.). *Desafios da prática docente na educação da infância: Pesquisas no cenário contemporâneo*, v. 1. Campo Grande: Oeste, pp. 13-36.

KRAMER, S. e ANDRÉ, M. (1984). "Alfabetização: Um estudo sobre professores das camadas populares". *Revista Brasileira de Estudos Pedagógicos*, v. 151, pp. 523-537.

KRAMER, S. e JOBIM e SOUZA, S. (orgs.) (1996). *Histórias de professores: Leitura, escrita e pesquisa em educação*. São Paulo: Ática.

KRAMER, S. e MOTTA, F. (2010). Verbete "criança". *In*: OLIVEIRA, D.A.; DUARTE, A.M.C. e VIEIRA, L.M.F. (orgs.). *Dicionário de trabalho, profissão e condição docente*. Belo Horizonte: Faculdade de Educação/Universidade Federal de Minas Gerais. CD-ROM.

KRAMER, S. e NUNES, M.F. (2013). "Early childhood education and elementary school in Brazil: Public policy challenges in the time of expanding compulsory schooling. *Education*, v. 3, pp. 255-261.

KRAMER, S. e OSWALD, M.L. (orgs.) (2001). *Didática da linguagem: Ensinar a ensinar ou ler e escrever*. Campinas: Papirus.

KRAMER, S.; CORSINO, P. e NUNES, M.F. (2011). "Infância e crianças de 6 anos: Desafios das transições na educação infantil e ensino fundamental". *Educação e Pesquisa*, v. 37, pp. 69-85.

KRAMER, S.; OSWALD, M.L. e PEREIRA, A.B. (1987). "Um mergulho na alfabetização (ou: há muito o que revelar sobre o cotidiano da escola)". *RBEP*, v. 158, pp. 65-97.

KRAMER, Szyja (Chialé) (1997). Transcrição do depoimento em vídeo "Survivors of Shoá" (1'55"), 9 de julho. Versão integral. Português. Rio de Janeiro.

KUNDERA, M. (1985). *A insustentável leveza do ser*. Rio de Janeiro: Nova Fronteira.

_____ (1986). *A brincadeira*. Rio de Janeiro: Nova Fronteira.

_____ (1987). *O livro do riso e do esquecimento*. Rio de Janeiro: Nova Fronteira.

LEITE, C. *et al.* (orgs.) (2011). *Políticas, fundamentos e práticas do currículo*. Porto: Porto Editora

LIMA, M.B. (2006). "Práticas cotidianas e identidades étnicas: Um estudo com crianças no contexto escolar". Tese de doutorado em Educação. Rio de Janeiro: PUC-Rio.

LÖWY, M. (1989). *Redenção e utopia: O judaísmo libertário na Europa Central*. São Paulo: Cia das Letras.

_____ (1990). *Romantismo e messianismo*. São Paulo: Perspectiva.

MACHADO DE ASSIS, J.M. (2003). *Um apólogo*. São Paulo: Difusão Cultural do livro.

_____ (2015). *O alienista e outros contos*. Rio de Janeiro: Moderna.

MAIA, M. (2011). "Educação infantil: Com quantas datas se faz um currículo?". Dissertação de mestrado em Educação. Rio de Janeiro: PUC-Rio.

_____ (2014). "Avaliação na educação infantil: Experiência docente e gestão". (Mimeo.)

MELLO, T.F. (2008). "Da mediação do professor às mediações dos sujeitos – adultos e crianças – na educação infantil". Dissertação de mestrado em Educação. Rio de Janeiro: PUC-Rio.

MICARELLO, H. (2006). "Professores de pré-escola: Trabalho, saberes e processo de construção de identidade". Tese de doutorado em Educação. Rio de Janeiro: PUC-Rio.

_____ (2010). "Avaliação e transições na educação infantil". *Anais do I Seminário Nacional: Currículo em Movimento Perspectivas Atuais*. Belo Horizonte: MEC/Undime/Ufop.

MOREIRA, A.F.B. e CANDAU, V.M. (2007). *Indagações sobre currículo: Currículo, conhecimento e cultura.* Brasília: MEC/SEB.

MOTTA, F.M.N. (2007). "As crianças e o exercício das práticas de autoridade". Dissertação de mestrado em Educação. Rio de Janeiro: PUC-Rio.

_____ (2013). *De crianças a alunos: A transição da educação infantil para o ensino fundamental.* São Paulo: Cortez.

MOURA, M.T.J.A. (2005). "Arte e infância: Um estudo das interações entre crianças, adultos e obras de arte em museu". Dissertação de mestrado em Educação. Rio de Janeiro: PUC-Rio.

MURICY, K. (1999). *Alegorias da dialética: Imagem e pensamento em Walter Benjamin.* Rio de Janeiro: Relume Dumará.

NASCIMENTO, A. (2004). "Infância e cidade: Crianças e adultos em uma pracinha do Rio de Janeiro". Dissertação de mestrado em Educação. Rio de Janeiro: PUC-Rio.

NUNES, M.F. (2005). "Educação infantil no Estado do Rio de Janeiro: Um estudo das estratégias municipais de atendimento". Tese de doutorado em Educação. Rio de Janeiro: UFRJ.

NUNES, M.F., CORSINO, P. e KRAMER, S. (2011). *Educação infantil e formação de profissionais no Estado do Rio de Janeiro (1999-2009).* Rio de Janeiro: Traço e Cultura.

_____ (2013). "Educação infantil e políticas municipais: Um estudo longitudinal". *Cadernos de Pesquisa*, v. 43, pp. 152-175.

PARO, V. (2001). *Gestão democrática da escola pública.* São Paulo: Ática.

PASOLINI, P.P. (1990). *Os jovens infelizes.* São Paulo: Brasiliense.

PIAGET, J. (1958). *Psicologia da inteligência.* Rio de Janeiro: Fundo de Cultura.

PINO, A. (2005). *As marcas do humano: As origens da constituição cultural da criança na perspectiva de Lev S. Vigotski.* São Paulo: Cortez.

RICCI, A. (2014). "Avaliação na educação infantil: Relato de uma professora". (Mimeo.)

ROMANELLI, O.O. (1978). *História da educação no Brasil.* Petrópolis: Vozes.

SARMENTO, M. e GOUVEA, M.C. (orgs.) (2008). *Estudos da infância: Educação e práticas sociais.* Petrópolis: Vozes.

SCHOLEM, G. (1994). *O Golem, Benjamin, Buber e outros justos: Judaica I.* São Paulo: Perspectiva.

SCRAMINGNON, G. (2014). "Avaliação na educação infantil: Práticas e reflexões". (Mimeo.)

SELIGMANN-SILVA, M. (2008). "Walter Benjamin: Para uma nova ética da memória". *Revista Educação*, "Benjamin pensa a educação", São Paulo, n. 7, mar., pp. 48-59.

SENNETT, R. (2001). *Autoridade*. Rio de Janeiro: Record.

SIROTA, R. (org.) (2006). *Éléments pour une sociologie de l'enfance*. Rennes: Presses Universitaires de Rennes.

TEZZA, C. (2007). *O filho eterno*. Rio de Janeiro: Record.

VON ZUBEN, N.A. (2003). *Martin Buber: Cumplicidade e diálogo*. Bauru: Edusc.

VYGOTSKY, L. (1984). *A formação social da mente*. São Paulo: Martins Fontes.

_____ (1987). *Pensamento e linguagem*. São Paulo: Martins Fontes.

_____(2001). *A construção do pensamento e da linguagem*. Trad. Paulo Bezerra. São Paulo: Martins Fontes.

_____ (2009). *Imaginação e criação na infância*. São Paulo: Ática.

Especificações técnicas

Fonte: Times New Roman 11 p
Entrelinha: 14 p
Papel (miolo): Offset 75 g/m^2
Papel (capa): Cartão 250 g/m^2